Rainer Bergmann

Recht und Organisation

in der Sozialpädagogik – mit Lernmodulen im Internet

1. Auflage

Bestellnummer 40091

Bildungsverlag EINS

Haben Sie Anregungen oder Kritikpunkte zu diesem Produkt?
Dann senden Sie eine E-Mail an 40091@bv-1.de
Autoren und Verlag freuen sich auf Ihre Rückmeldung.

www.bildungsverlag1.de

Bildungsverlag EINS GmbH
Sieglarer Straße 2, 53842 Troisdorf

ISBN 978-3-427-**40091**-2

Inhaltsverzeichnis

Vorwort

Die zunehmende Ökonomisierung des sozialen Arbeitsfeldes führt verstärkt zum Wettbewerb sozialer Institutionen untereinander. Von den Mitarbeitern und nicht nur von den Führungskräften wird mehr denn je betriebswirtschaftliches Wissen und Handeln vorausgesetzt. Erziehung, Betreuung und Bildung von Kindern und Jugendlichen benötigt sichere und stabile Rahmenbedingungen, für die sich die Träger sozialer Dienstleistungen verpflichten. Sie bauen auf sozialpädagogische Fachkräfte, die sie dabei unterstützen.
Fachkenntnisse aus dem Bereich der Organisations- und Personalentwicklung und das Wissen um die rechtlichen Gestaltungsmöglichkeiten sozialer Tätigkeit sind ein selbstverständlicher Bestandteil jeder zukunftsweisenden Ausbildung.

Dieses Fachbuch wendet sich an angehende und praktizierende sozialpädagogische Fachkräfte, die in ihrer Ausbildung innerhalb der Fachgebiete Soziologie, Recht und Verwaltung sowie Praxis- und Methodenlehre einerseits und andererseits innerhalb der zahlreichen Erfahrungen in den jeweiligen sozialpädagogischen Praxisfeldern mit den Mechanismen von Organisationen konfrontiert werden.
Dieses Buch beschäftigt sich mit dem Sozialmanagement in sozialen Organisationen im Rahmen der geltenden Gesetzgebung. Darunter versteht man jede Art von Steuerungsmechanismen in sozialen Organisationen. Dieser Themenbereich wurde lange Zeit in der Ausbildung von sozialpädagogischen Fachkräften vernachlässigt. Es behandelt in zwei großen Abschnitten Grundlagen und Anwendungen aus der Organisations- und Personalentwicklung sozialer Institutionen.
Der erste Teil wird von der Frage bestimmt, was soziale Organisationen auszeichnet (Kap. 1), wie sie strukturiert und aufgebaut sind (Kap. 2) und welche Qualitätsmerkmale sie kennzeichnen (Kap. 3). Das vierte Kapitel beschäftigt sich mit Veränderungsprozessen von Organisationen und den Steuerungsmöglichkeiten. In den beiden folgenden Kapiteln stehen Themen aus dem Personalmanagement im Mittelpunkt (Kap. 5 und Kap. 6).
Der Titel „Recht und Organisation" könnte den ein oder anderen Leser in die Irre führen. Dennoch ist die Kombination aus rechtlichen Aspekten und Themen aus dem Sozialmanagement beabsichtigt. Besonders soziale Organisationen sind in den letzten Jahren einer ständigen Veränderung unterworfen. Die erweiterte Gesetzgebung, gesellschaftliche und finanzpolitische Entwicklungen fordern neue Strategien. Jede sozialpädagogische Fachkraft sollte über ein Grundlagenwissen über strukturelle Vorgänge in sozialen Organisationen verfügen. Diesen Anspruch möchte dieses Buch erfüllen. Daher sind die Inhalte der Rechtslehre in praxisnahe und organisationsspezifische Themenbereiche eingebettet und jeweils gekennzeichnet.

Wie ist dieses Buch zu verwenden?
Dieses Buch ist aus der fast zwanzigjährigen Beratung von sozialen Organisationen und aus der Lehrtätigkeit an einer Fachakademie für Sozialpädagogik entstanden. Es lässt sich ideal in der Lernfeldarbeit als Hintergrundmaterial verwenden, da es ein anwendungsorientiertes Handlungswissen vermittelt. Darüber hinaus dient es in Kombination mit dem gleichnamigen E-Learning – Programm zur Vertiefung und Verfestigung des Fachwissens in den Lehr- und Unterrichtsfächern Soziologie, Recht und Organisation sowie Praxis- und Methodenlehre.
In diesem Lernprogramm stellen wir Ihnen Anna vor, die gerade ihre erste Arbeitsstelle in einer Kindertagesstätte nach ihrer Ausbildung begonnen hat. Sie begleiten sie in ihren ersten

Wochen und bewältigen mit ihr einige Aufgaben, die sich ihr in den Weg stellen. So können Sie die Lerninhalte in diesem Buch auf konkrete Situationen anwenden und in Ihren zukünftigen Arbeitsalltag übertragen.

Hinweise zu diesem Buch finden Sie neben dem Symbol . Das WBT finden Sie auf der Homepage des Verlages unter der Adresse www.bildungsverlag1.de.
Gehen Sie bitte wie folgt vor:

1. Rufen Sie die Internetseite www.bildungsverlag1.de auf.
2. Registrieren Sie sich als Kunde, indem Sie auf „Anmeldung/Registrierung" klicken und die Maske ausfüllen. Bitte beachten Sie, dass die Registrierung einige Zeit in Anspruch nehmen kann.
3. Geben Sie anschließend die Internetadresse www.bildungsverlag1.de/rechtundorganisation ein.
4. Dort loggen Sie sich mit dem Passwort **ruo122009** ein.
5. Sie gelangen auf die Startseite zum WBT und können mit dem Training beginnen.

Rainer Bergmann

Autor

Rainer Bergmann, Jahrgang 1955, Master of Arts (Personalentwicklung). Seit 1989 freiberufliche Beratungstätigkeit in Organisations- und Personalentwicklung für Non-Profit-Organisationen. Ausbildungen in Supervision DGSv, Total Quality Management und Mediation.
Mitglied in der Deutschen Gesellschaft für Supervision, DGSv und im Bundesverband Mediation in Wirtschaft und Arbeitswelt BMWA. Lehrtätigkeit an einer Fachakademie für Sozialpädagogik.

Organisationen

Lernziele:

- Erfassen der unterschiedlichen Dimensionen von Organisationen
- Beschreiben der verschiedenen Organisationsmodelle

Lernprogramm – Modul 1: Sie lernen Anna und ihre neue Arbeitsstelle kennen und schauen ihr bei ihren ersten Orientierungsversuchen über die Schulter.

1.1 Begriffsklärung

Der Begriff „Organisation" wird in der deutschen Sprache unterschiedlich verwendet:
Als Verb beschreibt „organisieren" einen Vorgang, in dem ein Vorhaben geplant und strukturiert wird (funktionaler Organisationsbegriff). Der Begriff steht für die Gestaltung eines Vorganges, in dem die einzelnen Schritte in eine sinnvolle Reihenfolge gebracht werden („Ich organisiere eine Besprechung, indem ich mit den Kollegen und Kolleginnen einen möglichen gemeinsamen Termin vereinbare, den Besprechungsraum buche, ..."). Zunächst müssen daher alle notwendigen Schritte zu einem Ablauf benannt und aufeinander im Sinne des verfolgten Zieles abgestimmt werden.
Als Substantiv steht der Begriff „Organisation" für die Struktur eines sozialen Gebildes als Ergebnis unterschiedler Abläufe und Entscheidungen (instrumenteller Organisationsbegriff). Dabei betrachtet man einerseits die formale Organisation und andererseits die informelle Organisation eines sozialen Systems.
Die formale Organisation eines sozialen Gebildes zeigt sich, in dem Aufgaben verteilt, Zuständigkeiten geklärt und verbindliche Regelungen vereinbart werden. Es entstehen Rollen und

Funktionsträger, die mit einem bestimmten Aufgaben- und Entscheidungsvolumen ausgestattet sind. In vielen Organisationen wird die formale Struktur durch sog. Organigramme präsentiert. Dabei handelt es sich um grafische Darstellungen, aus der die Zuordnung der einzelnen Rollen und Funktionen ersichtlich ist.
Die informelle Struktur einer Organisation zeigt sich in den Beziehungsmustern der Mitglieder. In diesem emotionalen Beziehungsnetz ordnen sich Menschen nach Kategorien wie Sympathie und Antipathie, empfundene Wertschätzung oder Ablehnung zu. Beziehungsmuster lassen sich durch sog. Soziogramme darstellen. Darunter versteht man grafische Präsentationen der Beziehungen unter den Mitgliedern einer Gruppe.
Formale und informelle Strukturen können sich gegenseitig ergänzen oder blockieren. In beruflich bedingten Organisationen stehen die Aufgaben und Ziele der Organisation im Vordergrund. Dennoch ist die Zusammenarbeit der einzelnen Funktionsträger nicht nur von den formalen Vorgaben, sondern von komplexen persönlichen, fachlichen und methodischen Aspekten abhängig. In der jüngsten Forschung geht man daher weniger von statischen Organisationsstrukturen aus, als vielmehr von „Organisationen als sich ständig veränderte dynamische Gebilde", die von gemeinsam getragenen Werten, Zielen und Regeln leben. Geißler spricht von Experten-, Ordnungs-, Sympathie-, Werte-, Tausch-, Konflikt-, Erlebnis- und Selbsterkundungsgemeinschaften (vgl. Geißler, 2003, S. 19).
Dieses Verständnis von Organisationen liegt den Erklärungsmodellen, die mit dem Begriff „Lernende Organisation" bezeichnet werden, zugrunde.[1]

Schließlich bezeichnet man mit dem Begriff „Organisation" Institutionen, die sich zu einem bestimmten Zweck herausgebildet haben. Sie verfolgen gemeinsame Aufgaben und Ziele und geben sich eine ihnen entsprechende Organisationsstruktur. Zu diesem institutionellen Organisationsbegriff rechnet man sowohl staatliche Institutionen, soziale Organisationen oder Unternehmen als auch Vereine oder Gruppierungen im privaten Kontext. Unter den im öffentlichen Raum agierenden Organen unterscheidet man neben staatlichen Einrichtungen Profit-Organisationen (kleine und mittlere oder globale Unternehmen) und Non-Profit-Organisationen (Verwaltungen und soziale Organisationen).

1.2 Rechtsformen von Organisationen

Organisationen als Zusammenschluss von Einzelnen oder Gruppen werden im juristischen Sinne als Körperschaften bezeichnet.

Unter Körperschaften versteht man rechtsfähige Organe, die aus einzelnen Personen oder Gruppen aufgrund einer Mitgliedschaft bestehen.

Unsere Rechtsordnung kennt Körperschaften des öffentlichen Rechts und Körperschaften des privaten Rechts.

Körperschaften des öffentlichen Rechts

Körperschaften des öffentlichen Rechts unterscheiden sich z. B. von einem Verein als Körperschaft des privaten Rechts (Wasserwacht e. V. der Gemeinde XY) dadurch, dass sie öffentlich-rechtlich organisiert sind und öffentlich-rechtlich handeln können.

[1] *Siehe Kapitel 4 „Lernende Organisationen"*

Körperschaften des öffentlichen Rechts können z. B. Gesetze, Verordnungen und Satzungen erlassen, die für alle Bürger bindend sind. Eine Körperschaft des öffentlichen Rechts ist der Staat selbst, aber auch Organe der Selbstverwaltung wie die einzelnen Länder, die Bezirke oder Gemeinden. Die beiden großen Religionsgemeinschaften, die katholische und die evangelische Kirche, sind aufgrund des Art. 140 Grundgesetz (GG) und des Art. 137 der Weimarer Reichsverfassung von 1919 anerkannte öffentlich-rechtliche Körperschaften, obwohl sie keine Staatsorgane im strengen Sinne sind. Dies hat z. B. zur Folge, dass der Staat den ordnungsgemäßen Einzug der Kirchensteuer garantiert (sog. Besteuerungsrecht) oder dass das Eigentum der Religionsgemeinschaften unter einem besonderen Schutz des Staates steht (sog. Insolvenzunfähigkeit).

§

Körperschaften des privaten Rechts

Körperschaften des privaten Rechts sind z. B. rechtsfähige Vereine, Wohlfahrtsverbände, Religionsgemeinschaften, Genossenschaften, Personengesellschaften und Kapitalgesellschaften.

Sie können für ihre Mitglieder Regeln und Verordnungen erlassen, die nur für diese bindend sind. Die Grundlage für diese Art der Körperschaft ist das Privatrecht, das die Rechtsbeziehung zwischen einander gleichgestellten Personen oder Gruppen regelt.
Die Rechtsgrundlage für Vereine z. B. liegen im § 21 Bürgerliches Gesetzbuch (BGB). Dort heißt es:

„Ein Verein, dessen Zweck nicht auf einen wirtschaftlichen Geschäftsbetrieb gerichtet ist, erlangt Rechtsfähigkeit durch Eintragung in das Vereinsregister des zuständigen Amtsgerichts".

§

Das Gestaltungselement für privatrechtlich organisierte Institutionen ist der Vertrag. Er regelt die einzelnen Rechte und Pflichten in einer freiwilligen Selbstverpflichtung der beteiligten Parteien. Im Innenverhältnis von Organisationen spielen Verträge in Form von Satzungen, Geschäftsordnungen oder Arbeitsverträgen eine konstitutive und zentrale Rolle (§ 611 BGB). Im Außenverhältnis werden z. B. mit Lieferanten und Kunden Verträge zur Ausübung der Tätigkeiten geschlossen.

Subsidiaritätsprinzip

Das Verhältnis von Körperschaften öffentlichen Rechts zu den Körperschaften privaten Rechts ist in dem gesellschaftlichen Gestaltungsgrundsatz der Subsidiarität geregelt. Dieser lässt sich auf Verlautbarungen der katholischen Soziallehre, Papst Pius XI und der Enzyklika „Quadragesimo anno" von 1931 zurückführen. Die katholische Soziallehre wollte durch Heraushebung des Subsidiaritätsprinzips ein Zeichen gegen das Gesellschaftsbild in nationalsozialistischen und kommunistischen Staaten setzen. Es betont die individuelle Verantwortung des Einzelnen gegenüber der Gemeinschaft und die Verantwortung der Gesellschaft für den Einzelnen.

Das Subsidiaritätsprinzip ist also ein „gesellschaftlicher Gestaltungsgrundsatz, der in seiner allgemeinsten Version besagt, dass die jeweils größere bzw. übergeordnete soziale Einheit der kleineren bzw. untergeordneten zu Hilfe kommt statt sie zu lähmen oder aufzusaugen.

Subsidiarität betont das Recht der kleineren Lebenskreise auf den unteren Ebenen des Alltagslebens und verteidigt ihre Selbstverantwortlichkeit und Handlungskompetenz gegen die Herrschaftsansprüche der umfassenderen gesellschaftlichen Organisationsgebilde" (Schober, 1980, S. 1298)

In den einzelnen Gesetzesregelungen ist dieser Gestaltungsgrundsatz an verschiedenen Stellen deutlich sichtbar:
Neben dem Art. 23 Abs. 1 des GG, der sich auf das Verhältnis der Bundesrepublik Deutschland zur Europäischen Union bezieht, wird z. B. im § 4 des achten Sozialgesetzbuches (SGB VIII) davon gesprochen, dass die öffentliche Jugendhilfe mit der freien Jugendhilfe zusammenarbeiten und deren Selbstständigkeit fördern soll. Die Zusammenarbeit ist nicht spannungsfrei, da sich aus der Forderung nach Autonomie einerseits und der Verantwortlichkeit der öffentlicher Träger für die rechtskonforme Ausübung einer Maßnahme durch einen freien Träger[2] andererseits ein gewisser Regelungsbedarf ergibt. Ein öffentlicher Träger kann z. B. nicht auf Personalentscheidungen eines freien Trägers Einfluss nehmen. Er behält jedoch die Rechtsaufsicht über die Maßnahme, die der freie Träger stellvertretend für einen öffentlichen Träger übernommen hat.

1.3 Besonderheiten von sozialen Organisationen

Der Begriff „Soziale Organisationen" trifft auf alle privatrechtlich organisierten Institutionen zu, die sich gesellschaftlichen, kulturellen oder sozialen Aufgaben stellen und nicht zu den Kapitalgesellschaften zählen.

Die größte Gruppe der sozialen Organisationen sind die Wohlfahrtsverbände. Sie haben sich zur „Bundesarbeitsgemeinschaft der freien Wohlfahrtspflege"[3] zusammengeschlossen und vertreten 1,3 Millionen Beschäftigte mit bundesweit 90.000 Einrichtungen und unzähligen Ehrenamtlichen. Ihr gemeinsames Ziel ist die Sicherung und Weiterentwicklung der sozialen Arbeit durch gemeinschaftliche Initiativen und sozialpolitische Aktivitäten. Die Mitglieder[4] der Bundesarbeitsgemeinschaft der freien Wohlfahrtspflege sind:

- die Arbeiterwohlfahrt (AWO)
- der Deutsche Caritasverband (DCV)
- der Paritätische Gesamtverband (Parität)
- das Deutsche Rote Kreuz (DRK)
- das Diakonische Werk der Evangelischen Kirche in Deutschland (DW der EKD)
- die Zentralwohlfahrtsstelle der Juden in Deutschland (ZWST)

Ein Merkmal sozialer Organisationen, insbesondere der genannten Wohlfahrtsverbände, ist die häufige Verknüpfung zwischen ehrenamtlich tätigen Mitgliedern und hauptamtlich Beschäftigten. In Pflegeeinrichtungen, in der Kinder- und Jugendhilfe oder in der Jugendarbeit ist die Einbindung einer hauptamtlichen Tätigkeit in einer von Ehrenamtlichen geprägten Kultur selbstverständlich. In kleineren Institutionen sind Ehrenamtliche häufig die Vorgesetz-

---

[2] *In dem Bereich der sozialen Dienstleistungen werden Körperschaften privaten Rechts auch freie Träger genannt. Diese wiederum können sozialwirtschaftlich oder privatwirtschaftlich organisiert sein.*

[3] *Die Bundesarbeitsgemeinschaft ist erreichbar unter http://www.bagfw.de/*

[4] *Im Anhang findet sich eine Adressenliste der sechs Mitgliedsverbände.*

ten der Beschäftigten. Daraus ergibt sich eine ganz besondere Dynamik, die in erwerbswirtschaftlich organisierten Unternehmen nicht zu finden ist.

Soziale Organisationen sind darüber hinaus in der Regel im Dienstleistungssektor tätig und werden zu den Non-Profit-Organisationen (NPO) gezählt.

Profit-Organisationen (PO)	Non-Profit-Organisationen (NPO)
Sie produzieren Güter oder Dienstleistungen für einen Markt und orientieren sich an den Bedürfnissen und der Kaufkraft ihrer Kunden.	Sie „produzieren" Dienstleistungen im Auftrag der Gesellschaft, die auf politischen Entscheidungen und einem gesellschaftlichen Bedarf beruhen.
Sie verfolgen grundsätzlich (jedoch nicht ausschließlich) monetäre Ziele, die sich in Geldeinheiten messen lassen.	Sie verfolgen grundsätzlich (jedoch nicht ausschließlich) soziale, kulturelle und politische Ziele.
Das Hauptziel besteht darin, den Eigentümern oder Kapitalgebern Gewinne zu erzielen (Gewinnmaximierung).	Sie dürfen generell keine Gewinne in ihren Jahresbilanzen ausweisen (Bedarfsorientierung). Sie sind in den meisten Fällen von der Förderung durch externe Kapitalgeber abhängig.
	Die Steuerung erfolgt über sozial-normative und politische Willenserklärungen sowie über gesetzliche Vorgaben.

Tabelle1: Unterscheidung zwischen Profit- und Non-Profit-Organisationen

Soziale Organisationen sind in dieser Gegenüberstellung Unternehmen, die nicht erwerbswirtschaftlich tätig sind.

Sie verfolgen gesellschaftliche, kulturelle oder soziale Ziele und erhalten ihre Aufträge durch gesetzliche Vorgaben (z. B. durch die Verpflichtung des Staates zur Förderung der Kindertagesbetreuung) oder durch gesellschaftliche oder politische Forderungen, die im Auftrag der Gesellschaft umgesetzt werden (z. B. Jugendarbeit der Freiwilligen Feuerwehr). Die Auftraggeber sind demzufolge zum einen der Staat und seine Organe und zum anderen die Gesellschaft und deren Gruppierungen. Somit leisten soziale Organisationen wesentliche Beiträge für den Staat, indem sie entweder hoheitliche Aufgaben des Staates in dessen Auftrag ausführen (z. B. Erziehung, Bildung und Betreuung von Kindern) oder sich gesellschaftlichen Aufgaben stellen (z. B. bei der Bekämpfung von Kinderarmut).
Die Produkte sozialer Unternehmen sind in der überwiegenden Mehrzahl sozialpolitisch relevante Dienstleistungen, die von Menschen für Menschen erbracht werden. Die Qualität der sozialen Dienstleistung ist abhängig von den personellen, fachlichen und finanziellen Rahmenbedingungen und entsteht im Moment der Ausführung. Sie ist nach objektiven und subjektiven Kriterien der Beteiligten (z. B. durch die Rückmeldung der Adressaten) auszuwerten.

Effektivität und Effizienz

Um soziale Tätigkeiten erfassen und bewerten zu können, müssen die unterschiedlichen Kriterien „Effektivität" und „Effizienz" beachtet werden:

Die „Effektivität" einer sozialen Dienstleistung misst sich daran, ob die Ziele, die angestrebt wurden, erreicht und die Versprechen, die in einem Leistungsvertrag vereinbart wurden, erfüllt werden.

Soziale Institutionen stellen sich vermehrt in einem Qualitätsmanagement einer internen oder externen Überprüfung, um die eigene Leistung kontinuierlich immer weiter zu verbessern.[5]

Die „Effizienz" einer sozialen Dienstleistung ergibt sich aus der Differenz der eingesetzten Mittel (Personal, zur Verfügung stehende Zeit, Finanzmittel) zum erzielten Ergebnis.

Da die Adressaten einer sozialen Dienstleistung die tatsächlichen Kosten in der Regel nicht aufbringen können und die Institutionen auf Fördermittel des Staates angewiesen sind, kann die Effizienz nicht nach dem Prinzip der Gewinnmaximierung, sondern nach dem angemessenen Einsatz der vorhandenen Mittel gemessen werden.

1.3.1 Finanzierung

Soziale Unternehmen finanzieren ihre Dienstleistung in einer Art Mischkalkulation durch staatliche Fördergelder, Eigenleistungen und Beiträge der Nutzer der Dienstleistung. Das Verhältnis der einzelnen Finanzierungsarten ist sehr unterschiedlich und von der sozialen Dienstleistung abhängig. In der Förderung der Kindertagesbetreuung nach § 23 Kinder- und Jugendhilferecht (KJHG) werden die Aufwendungen für den Betrieb einer Kinderbetreuungseinrichtung aus öffentlichen und aus privaten Mitteln finanziert. Dabei übernehmen Länder und Kommunen ca. zwei Drittel und private Geldgeber, d. h. Trägerinstitution und Eltern, ein Drittel der benötigten Geldmittel. Darüber hinaus ergeben sich in der Finanzierung aus öffentlicher Hand zwei Grundmodelle, die jeweils unterschiedliche Konsequenzen für die konkrete Finanzierung der laufenden Betriebskosten haben:

Die angebotsorientierte Finanzierung nimmt die Größe der Einrichtung und die Art des Angebotes als Grundlage für die Berechnung des öffentlichen Zuschusses. Damit wird die Einrichtung als solche bezuschusst.

Eine Kindertagesstätte mit z. B. 3 Gruppen und einer Gruppengröße von jeweils 25 Kindern wird mit einem feststehenden und kalkulierbaren Betrag gefördert. Die tatsächliche Nutzung mit den Faktoren „Betreuungsaufwand" und „Betreuungszeit" wird bezogen auf das einzelne Kind nicht berücksichtigt. Für die Einrichtungen ergeben sich für die Kalkulation der Betriebskosten erhebliche Vorteile in der Planung und Bilanzierung der einzelnen Angebote. Der öffentliche Geldgeber hat in der angebotsorientierten Finanzierung die Möglichkeit, an den Zuschuss gezielte Bedingungen zu knüpfen bzgl. der Gruppengröße und des zur Verfügung stehenden Fachpersonals. Dies stellt ein erhebliches Steuerungsinstrument bzgl. der Qualität der zur Verfügung gestellten Dienstleistung dar.

[5] *Siehe Kapitel 3 „Qualitätsmanagement in sozialen Organisationen"*

Die nachfrageorientierte Finanzierung geht von dem konkret festgestellten Bedarf durch die Kommunen und der tatsächlichen Nutzung einer Dienstleistung durch die Familien aus.

Die Finanzierung erfolgt hier nach den Kriterien „tatsächlicher Betreuungsbedarf", „Betreuungsart" und „Betreuungszeit". Diesem Modell haben sich die Länder Hamburg, Berlin und Bayern angeschlossen. Als Beispiel soll hier im Überblick das Finanzierungsmodell in Bayern kurz vorgestellt werden:
Ausgangspunkt für eine Förderung ist die Bedarfsfeststellung durch die zuständige Kommune auf Grund der Geburtenzahl und der erwarteten Zu- und Abwanderung von Familien in der jeweiligen Gemeinde bzw. Stadt. Der Bedarf wird einerseits errechnet als die erwartete Größe des notwendigen Betreuungsangebotes und andererseits als die nachgefragte Betreuungsart (Kinderkrippe, Tagespflegestellen, Kindergarten, Hort). Der Bedarf wird ermittelt durch eine statistische Auswertung der Daten des jeweiligen Einwohnermeldeamtes und durch Befragungen der betroffenen Familien.
Auf der Grundlage der Bedarfsfeststellung ist die tatsächliche Nutzung der angebotenen Dienstleistung von entscheidender Bedeutung. Hierin liegt auch der wesentliche Unterschied zur Finanzierung der Angebote. Die Nachfrage nach einem konkreten Betreuungsangebot lässt sich unterteilen in die Faktoren „Betreuungsart und „Betreuungszeit". Zur Beurteilung des Betreuungsaufwandes werden sog. Gewichtungsfaktoren ermittelt. Sie ergeben sich aus dem Alter des Kindes, einer tatsächlichen oder drohenden Behinderung oder einer erforderlichen Sprachförderung auf Grund einer nicht deutschsprachigen Herkunft (vgl. Art 2 Bayerisches Kinder-, Bildungs- und Betreuungsgesetz, BayKiBiG).

§

Zu den Gewichtungsfaktoren kommen noch die tatsächlichen „Betreuungszeiten", welche die Eltern je nach ihrem Betreuungsbedarf buchen können. Die Träger können laut Art. 21 des BayKiBiG eine Mindestbuchungszeit z. B. für Kinder ab dem dritten Lebensjahr von 20 Stunden pro Woche beziehungsweise 4 Stunden pro Tag vorgeben.
Die konkrete Förderung berechnet sich aus einem Basiswert ausgehend von der Mindestbuchungszeit, einem Gewichtungs- und einem Zeitfaktor (vgl. Dohmen, 2006, S. 19 ff).

Abbildung 1: öffentliche Förderung der Kindertagesbetreuung in Bayern „kindbezogene Förderung"

1.3.2 Ökonomisierung der sozialen Dienstleistung

Soziale Organisationen können besonders unter dem betriebswirtschaftlichen Aspekt nicht mehr so eindeutig, wie in der Tabelle aufgezeigt, in Profit- und Non-Profit –Organisationen eingeteilt werden. Sie werden in den letzten Jahren aufgrund gesellschaftlicher und finanzpolitischer Veränderungen immer ähnlicher. Diese Entwicklung wird als „Ökonomisierung der sozialen Dienstleistung" bezeichnet. Der Deutsche Caritasverband spricht sich in seinem Leit-

bild für ein unternehmerisches, wirtschaftliches und soziales Handeln aus. Viele soziale Organisationen stehen unter einem enorm gestiegenen Nachweis- und Wirtschaftlichkeitsdruck. Soziale Dienstleistungen müssen ihren gesellschaftlichen Nutzen bei gleichzeitiger Verknappung der öffentlichen Mittel immer stärker unter dem Gesichtspunkt der Rentabilität nachweisen.
Ein konkretes Beispiel stellt die Umstrukturierung in der Kindertagesbetreuung dar. Der enorme Geburtenrückgang in den letzten Jahren zwingt die öffentlichen und privaten Träger zu unternehmerischem Handeln. Sie müssen auf Grund der veränderten Nachfrage ihre Angebote anpassen oder sich neue Märkte erschließen. Das bedeutet für die Einrichtung XY die Schließung einzelner Gruppen, eine andere erweitert das Betreuungsangebot für Familien mit Kleinkindern oder bietet eine qualifizierte Hausaufgabenbetreuung für Schulkinder an.
Zur „Ökonomisierung der sozialen Dienstleistung" kommt hinzu, dass soziale Einrichtungen sich zudem immer häufiger mit erwerbswirtschaftlich organisierten Anbietern messen lassen müssen, die als Körperschaften des privaten Rechts ebenfalls staatliche Fördermittel erhalten können (z.B. private Kinderkrippen oder Großtagespflegestellen).
(Vgl. Lutz, 2008, S. 3-10 und Buestrich/Wolfahrt, 2008, S. 17-32).

1.4 Organisationsmodelle

Organisationen sind Zusammenschlüsse von Einzelnen oder Gruppen, um bestimmte Zwecke oder Ziele zu erreichen. Unter einem betriebswirtschaftlichen Blickwinkel betrachtet bestehen sie, um Güter (Produkte oder Dienstleistungen) zu erschaffen. Zu diesem Zweck wurden seit jeher unterschiedliche Organisationsmodelle entwickelt, die zum Teil heute noch in Abänderungen vorkommen.

Das „rationalökonomische Organisationsmodell"

Das „rationalökonomische Organisationsmodell" nach F.W. Taylor hat sich zum Ende des 19. Jahrhunderts vor allem durch eine hohe Arbeitsteilung und Gliederung der einzelnen Abläufe ausgezeichnet sowie durch eine streng hierarchisch strukturierte Trennung zwischen Kopf und Handarbeit, verwaltende und ausführende Tätigkeiten. In der Industrie, in der Verwaltung und in der sozialen Dienstleistung zeigen sich heute noch Elemente dieser klaren Gliederung; z.B. sind in vielen sozialen Bereichen die konkreten pädagogischen Tätigkeitsfelder von dem leitenden Management und der Verwaltung klar getrennt. Es herrscht auch hier in gewisser Weise eine Arbeitszergliederung und -teilung, die mit dem Element „Weisungsbefugnis" von Führungskräften gelenkt wird.

Merkmale:
- Einzelne Arbeitsschritte sind sehr stark aufgeteilt,
- Verwaltung und Dienstleistung sind oft räumlich und personell getrennt,
- Führungskräfte sind vor allem Weisungsträger, Mitarbeiter sind Ausführende.

Das Organisationsmodell der sozialen Anerkennung

Das Organisationsmodell der sozialen Anerkennung geht zurück auf Elton Mayo als „Human-Relation-Ansatz" zu Beginn des letzten Jahrhunderts. Dieses Modell betont die informellen Beziehungen der Mitglieder der Organisation untereinander mit ihren sozialen Bedürfnissen nach Anerkennung und Bestätigung der Leistungen. Die Arbeitsmotivation sei unmittelbar abhängig vom sozial-emotionalen Klima am Arbeitsplatz und der Identifikation mit dem jeweiligen personellen Umfeld. Dieses Modell wurde von Kurt Lewin in seinen Forschungsstudien zu Gruppenprozessen und Führungsstilen weiter entwickelt. Vorstellungen von erfolgreichen Teams, Maßnahmen zur Teamentwicklung und Schulungskonzepte zur Aus- und Fortbildung von Führungskräften basieren auf den Annahmen des Human-Relation-Ansatzes.

Merkmale:
- Für die Qualität der Arbeit sind gruppendynamische Prozesse verantwortlich,
- das soziale und emotionale Klima in einer Organisation wirkt sich entscheidend auf die Arbeitsergebnisse aus.

Das moderne Organisationsmodell der Selbstentfaltung

Das moderne „Organisationsmodell der Selbstentfaltung" nach Chris Argyris geht davon aus, dass hierarchische Strukturen ein selbstbestimmtes und eigenverantwortliches Handeln verhindern. Stattdessen baut es auf den unbedingten Willen des Einzelnen zur Selbstbestimmung und Entfaltung seiner Fähigkeiten auf. Es bezieht sich auf die Bedürfnistheorien von Abraham Maslow und eröffnet dem einzelnen Mitglied einen größtmöglichen Freiraum zu selbst verantwortenden und partizipierenden Entscheidungsstrukturen. In diesem Organisationsmodell haben Führungskräfte vor allem die Funktion der Moderation und der tätigkeitsbezogenen Beratung. Moderne Personalentwicklungsstrategien orientieren sich an diesem Modell.

Merkmale:
- größtmögliche Selbstbestimmung des Einzelnen,
- Gruppen- und Projektarbeit,
- Moderation und Coaching durch Führungskräfte.

Das systemische Organisationsmodell

Das „systemische Organisationsmodell" geht von der ständigen Veränderung sozialer Systeme aus und basiert auf systemtheoretischen Ansätzen von Humberto Maturana, Francisco Varela und Paul Watzlawick. Nach deren Annahmen „erfinden" sich Organisationen ständig neu, reagieren auf winzige Veränderungen und bestehen aus einzelnen Teilen, die in einer wechselseitigen Beziehung zueinander stehen (vgl. Schreyögg, 2003, S. 31 ff).
Das Modell der Lernenden Organisation (Kap. 4) lässt sich unmittelbar auf das systemische Organisationsmodell zurückführen.

Merkmale:
- bedarfsorientierte Organisationsformen,
- Gruppen- und Projektarbeit,
- Qualitätszirkel und Lerngruppen.

Untersucht man konkrete Organisationen, findet man keine eindeutige Zuordnung zu den beschriebenen Organisationsmodellen. Sich verändernde Aufgaben und Rahmenbedingungen erfordern immer häufiger flexiblere Strukturen und bedarfsgerechte Steuerungsinstrumente.

1.5 Neue Steuerungsmodelle

Seit Anfang der 90er Jahre vollzieht sich besonders in der öffentlichen Verwaltung ein riesiger Umstrukturierungsprozess, der sich auf alle kooperierenden Bereiche auswirkt. Angesichts der sich dort schon abzeichnenden Kürzungen der Finanzmittel im Verwaltungs- und Sozialbereich hatte die Reform folgende Ziele:
- Vereinfachung der Verwaltungsabläufe,
- stärkere Kontrolle der öffentlichen Ausgaben,
- Verwaltung als Dienstleistungsunternehmen etablieren.

Da soziale Organisationen wie die oben beschriebenen existentiell von öffentlichen Auftraggebern abhängen, sind die Auswirkungen der Strukturreform bis heute deutlich erkennbar. Unter dem Begriff „Neue Steuerungsmodelle" werden im Wesentlichen folgende Elemente verstanden:

Outputorientierte Steuerung

Das erste Element der Reform wird als „outputorientierte Steuerung" bezeichnet.

Darunter versteht man die Ergebnisorientierung einer Leistung, d. h. der Wert eines Vorganges misst sich am tatsächlich erzielten Ergebnis, der in einer Art Vertrag zwischen Leistungserbringer und Leistungsnutzer vereinbart wird.

Dienstleistungen sind Produkte, die in einem spezifischen Prozess hergestellt werden. Dieser kann differenziert beschrieben und detailliert ausgewertet werden.

Beispiel aus dem Tätigkeitsfeld von sozialpädagogischen Fachkräften:

Fr. Meier ist in einem Hort zur Betreuung von Schulkindern beschäftigt. In dieser Funktion führt sie ein Gespräch mit den Eltern von Svenja. Svenja ist 9 Jahre alt und in der Eingewöhnungsphase in der Tagesstätte. Um das Gespräch zufriedenstellend für alle Beteiligte führen zu können, muss es systematisch vorbereitet, durchgeführt und ausgewertet werden. Zu diesem Zweck hat die Einrichtung unter Mitarbeit der Beschäftigten eine gemeinsame Vorgehensweise bei der Durchführung von Elterngesprächen vereinbart.

Für die Vorbereitung ergeben sich folgende Fragen:
- Welche Anliegen und Ziele haben die Eltern von Svenja?
- Welche Anliegen und Ziele hat Frau Meier?
- Wie sollte das Gespräch daraufhin aufgebaut sein?

Das Gespräch wird unter folgenden Gesichtspunkten ausgewertet:
- Wie formulieren die Eltern das Ergebnis des Gespräches?
- Wie stellt sich das Ergebnis für Frau Meier dar?
- Welche weiteren Maßnahmen wurden vereinbart?

Budgetierung

Neben der „outputorientierten Steuerung" ist die Budgetierung ein wesentliches betriebswirtschaftliches Steuerungsinstrument.

Darunter versteht man die Zuweisung begrenzter Finanzmittel zur Durchführung einer Leistung und die jeweilige Gewichtung der Tätigkeit.

Im Rahmen der Budgetierung werden die einzelnen Leistungen zu Produktgruppen zusammengefasst, inhaltlich beschrieben und mit Finanzmittel und der erforderlichen Verantwortung über die Verwendung ausgestattet. Hier wird schon deutlich, dass eine Organisation in der Mittelzuweisung interne und externe Akzente in der Gestaltung der Dienstleistung setzen kann.

Beispiel aus dem Tätigkeitsfeld von sozialpädagogischen Fachkräften:

Fr. Meier ist Beschäftigte des Vereins „Soziale Arbeit e.V.". Dieser betreibt mehrere soziale Einrichtungen, u.a. einen Hort zur Betreuung von Schulkindern. Jede Teileinrichtung des Vereins hat einen eigenen Haushalt und die Budgetverantwortung für die ordnungsgemäße Verwendung der Mittel innerhalb des Haushaltsrahmens. Im Haushaltsplan des Hortes sind jährlich 3500,00 € für Fortbildungsmaßnahmen vorgesehen. Die Entscheidung über den Einsatz dieser Mittel liegt in der Verantwortung des Teams, solange sie mit den Zielen der Organisation übereinstimmen. Das Team um Fr. Meier entscheidet sich in diesem Jahr, diesen Betrag für eine Trainingsmaßnahme zur Qualitätsentwicklung für das gesamte Team als interne Fortbildung zu verwenden.

Personalmanagement

Als dritte wesentliche Komponente des „Neuen Steuerungsmodells" ist das Personalmanagement zu nennen.

Darunter versteht man weit mehr als die „reine Personalverwaltung". Im Sinne der „Neuen Steuerung" wird neben der Personalplanung, Personalführung und Personalverwaltung die Personalentwicklung als Führungsinstrument in einer Organisation mit strategischer Verantwortung ausgestattet.

Beispiel aus dem Tätigkeitsfeld von sozialpädagogischen Fachkräften:

Fr. Meier ist Führungskraft in einem Hort zur Tagesbetreuung von Schulkindern mit 6 Beschäftigten. Sie ist verantwortlich für die Personalführung und führt 2-mal jährlich Mitarbeitergespräche mit ihren Kolleginnen durch. Die Mitarbeitergespräche sind Teil des Konzeptes zum Personalmanagement in der Trägerorganisation „Soziale Arbeit e.V.". Dort sind die Aufgaben und Ziele gemeinsam erarbeitet und vereinbart worden. Die Mitarbeitergespräche dienen der individuellen Personalentwicklung der Mitarbeiter und der Weiterentwicklung der Organisation. Sie finden in einem auf Vertrauen basierenden Rahmen statt und haben die Identifikation mit der Organisation und Motivation der Mitarbeiter zum erklärten Ziel. Fr. Meier hat in diesen Gesprächen die Möglichkeit, auf ihre Mitarbeiter näher einzugehen, um ihre persönlichen und fachlichen Kompetenzen besser einschätzen und im Sinne der gemeinsamen Aufgabe fördern zu können.

1.6 Aufgaben für die vertiefende Einzel- und Gruppenarbeit

1. Beschreiben Sie anschaulich an einem selbst gewählten Beispiel den Unterschied zwischen der formellen und informellen Organisationsstruktur.

2. Sie planen ein konkretes Angebot in Ihrer Einrichtung. Kalkulieren Sie das Ergebnis nach Beendigung des Angebotes mit den Kriterien „Effektivität" und „Effizienz".

3. Sammeln Sie weitere Argumente für oder gegen eine nachfrageorientierte Finanzierung in der Kindertagesbetreuung und recherchieren Sie diesbezüglich in der entsprechenden Fachliteratur bzw. auf entsprechenden Internetseiten.

4. Nehmen Sie zu der „Ökonomisierung der sozialen Dienstleistung" Stellung und diskutieren Sie Vor- und Nachteile einer stärkeren betriebswirtschaftlichen Komponente in der sozialen Dienstleistung.

Im Modul 1 des Lernprogramms finden Sie weitere Aufgaben, mithilfe derer Sie die Lerninhalte vertiefen können.

Struktur von so 2

Seite 19 - 26

Lernziele:

- Erfassen der Strukturen v
- Reflexion der eigenen Pr sa-
tionen

Lernprogramm - Modul 1: Die Kindertagesstätte Sonnenschein, in der Anna arbeitet, ist eine viergruppige Einrichtung, in deren Struktur Anna ganz langsam Einblicke gewinnt. Sie können ihr helfen, sich zu orientieren und die einzelnen Bausteine einzuordnen.

2.1 Aufbauorganisation

Besonders in personenbezogenen Tätigkeitsfeldern, z. B. Erziehung, Bildung und Betreuung von Kindern und Jugendlichen, findet man unterschiedliche Organisationsformen.

> **Unter einer Aufbauorganisation versteht man die grundsätzliche Struktur einer Organisation. Die einzelnen Elemente bezeichnet man als Funktionsträger oder Stellen unabhängig von der jeweiligen Person. Sie bilden das Gerüst einer jeden Organisation und legen Verantwortlichkeiten und Zuständigkeiten fest.**

Diese sind erforderlich, da die Abläufe in einer Organisation in einzelne Arbeitsschritte zergliedert werden und diese wiederum den jeweiligen Funktionsträgern zugeordnet werden müssen. Der Organisationsgrad ist natürlich abhängig von der Größe der Organisation. Den-

noch empfiehlt es sich in jeder Organisation Verantwortlichkeiten, Tätigkeitsbereiche und Zuständigkeiten festzulegen. Selbst wenn in einem Team von 5 Mitarbeitern eine Information erfragt werden soll, wird Zeit eingespart, wenn der Ort der Information bekannt ist.
In Organisationen sind unterschiedliche Strukturmodelle bekannt. Am häufigsten sind Verwaltungen und soziale Organisationen nach folgenden Modellen strukturiert:

Ein-Linien-System

In einer Linienorganisation sind die Zuständigkeiten und Verantwortlichkeiten hierarchisch gegliedert. Jeder Bereich bzw. jede/r Mitarbeiter/-in erhält nur von einer übergeordneten Stelle Aufträge und Anweisungen und ist dieser rechenschaftspflichtig. Das Vorbild für diese direkte Zuordnung liegt in militärischen Organisationen, in denen die einzelnen Ebenen durch Befehle und Gehorsam verbunden sind.
Der Vorteil von einem Ein-Linien-System liegt darin, dass die Verantwortung für eine Entscheidung in der Planung eines Auftrages und in der Nachvollziehbarkeit von Entscheidungen immer klar festgestellt werden kann. Die Delegation von Entscheidungskompetenzen und Befugnissen wird auch als **Dienstweg** bezeichnet und muss in diesem Liniensystem eingehalten werden.
Der Nachteil liegt in dem oft starren System von Entscheidungsverläufen, wenn mehrere Ebenen beteiligt sind.

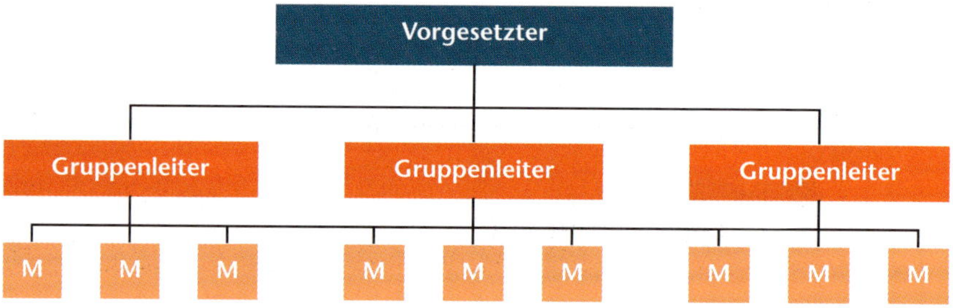

Abbildung 2: Ein-Linien-System

Ein-Linien-Organisationen finden sich häufig im Profit- und im Non-Profit-Sektor. Verwaltungen und Dienstleistungen funktionieren in vielen Fällen nach diesem Prinzip.

Mehr-Linien-System

In Mehr-Linien-Systemen wird die Anzahl der einzelnen Ebenen verringert. Je nach den unterschiedlichen Fachkompetenzen und Zuständigkeiten werden die jeweiligen Entscheidungsprozesse auf dem „kürzesten Dienstweg" vollzogen.

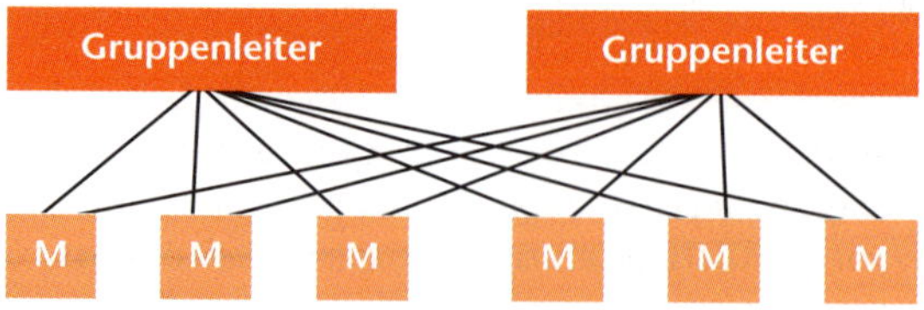

Abbildung 3: Mehr-Linien-System

Mehr-Linien-Systeme sind in Organisationen mittlerer Größe häufig vertreten, wobei hier neue Störquellen auftreten können in Form von z. B. fehlenden Absprachen zwischen den einzelnen Entscheidungsträgern.

Beispiel:

In einer Kindertagesstätte teilen sich zwei Erzieherinnen eine Leitungsstelle mit jeweils unterschiedlichen Zuständigkeiten und Kompetenzen. Beide sind formal für den ganzen Betrieb verantwortlich und haben dennoch eigene Fachbereiche, in denen sie die Entscheidungskompetenz inne haben.

Stab-Linien-System

In einem Stab-Linien-System wird die hierarchische Struktur der Ein-Linien-Organisation grundsätzlich beibehalten und die Führungsebene mit sog. Stabstellen als beratende Fachexperten verstärkt. Diese haben selbst keine Entscheidungs- und Weisungsbefugnis, werden aber in der Klärung komplexer Sachfragen unterstützend herangezogen.

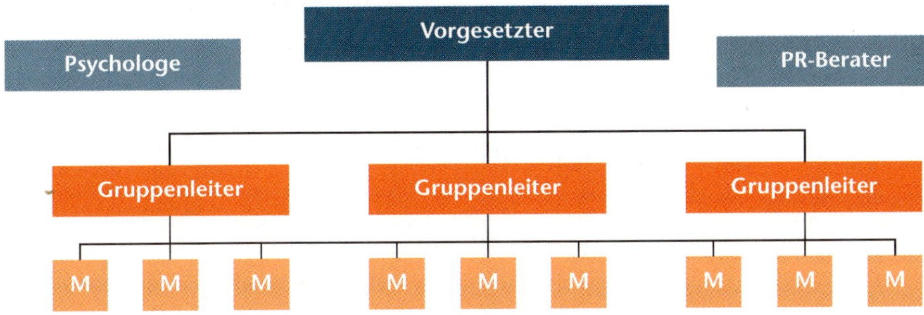

Abbildung 4: Stab-Linien-System

Produktgruppen-System

Die Organisation gliedert sich in einzelne weitestgehend selbständige Unterorganisationen, die jeweils einer Gesamtleitung unterstellt sind. Die Gesamtorganisation übernimmt zentrale Aufgaben und entlastet dadurch die einzelnen Bereiche. Dieses Organisationssystem findet man in größeren Organisationen, die mehrere Produkteinheiten unterhalten.

Beispiel:

Der gemeinnützige Trägerverein „Soziale Arbeit e. V." ist Inhaber eines Erziehungsheimes, einer Kinderkrippe und einer Kindertagesstätte. Diese Einrichtungen sind in der Wahrnehmung ihrer unterschiedlichen Aufgaben selbständig tätig. Mit einem eigenen Stellenplan und einem eigenen Budget ausgestattet, sind sie lediglich der Betriebsleitung des Trägervereins unterstellt.

Die Produktgruppen-Organisation bietet große Vorteile für Träger mit verschiedenen Angebotsgruppen unter einem Dach. Somit können Serviceeinheiten, die von allen genutzt werden, in einzelne Servicestellen gebündelt werden. So kann z. B. die Servicestelle Personal in Absprache mit den jeweiligen Einrichtungsleitungen die Bewerbungsverfahren für neue Mitarbeiter durchführen (vgl. Hottelet, Aufbau- und Ablauforganisation, 1998, S. 10-15).

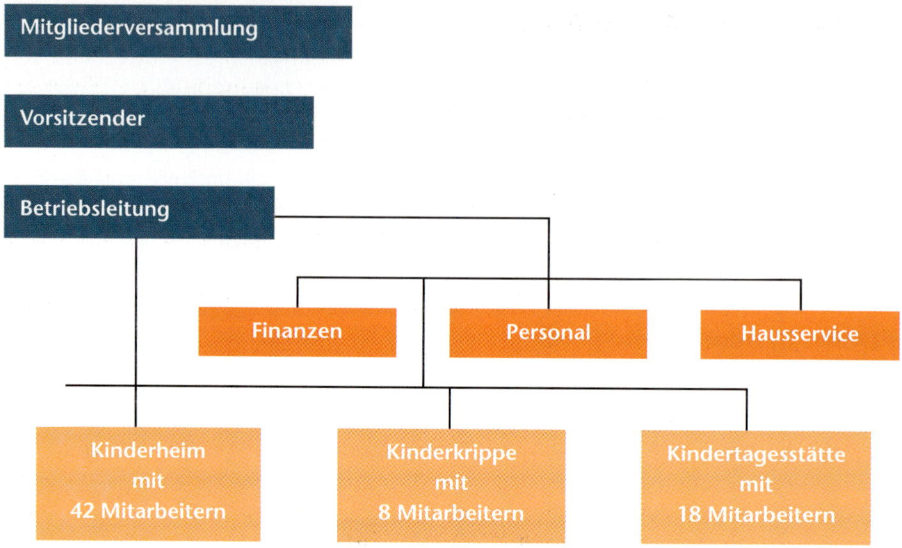

Abbildung 5: Produktgruppen-System

2.1.1 Funktion von Organigrammen

Ein Organigramm ist die grafische Darstellung der Struktur einer Organisation. Jede Funktion mit dem/der Funktionsträger/in wird z. B. in einem Rechteck dargestellt und einander entsprechend der Aufgabenstellung hierarchisch zugeordnet.

Aus einem Organigramm lassen sich neben den Aufgabenbereichen die Zuständigkeiten und Verantwortlichkeiten innerhalb der Organisation herauslesen. Ein zentrales Steuerungsinstrument ist die Dienst- und Fachaufsicht, die sich durch die hierarchische Gliederung des Organigramms je nach Organisationsstruktur darstellen lässt.

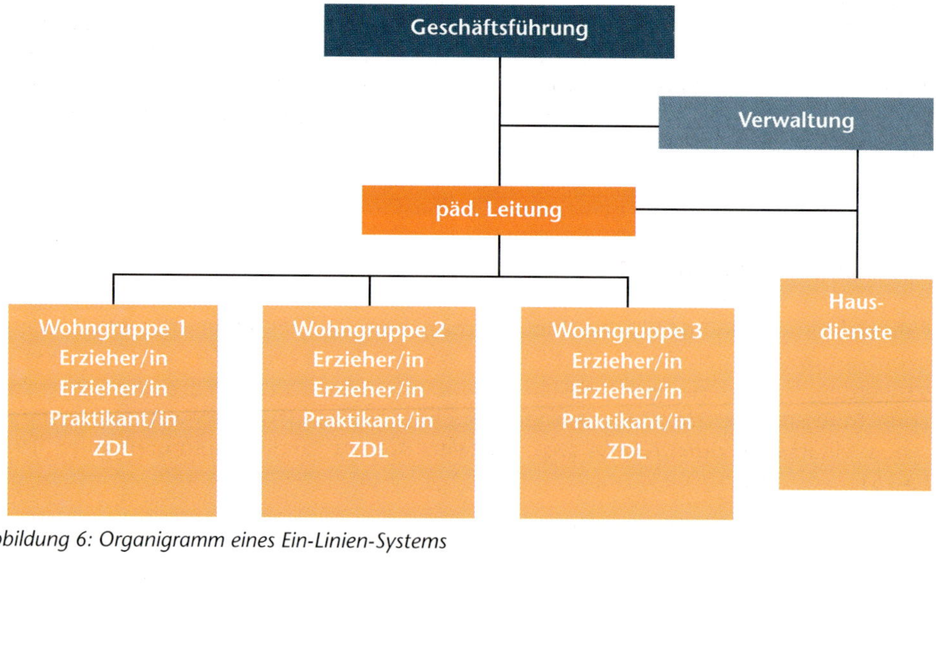

Abbildung 6: Organigramm eines Ein-Linien-Systems

2.1.2 Dienst- und Fachaufsicht

Die Dienst- und Fachaufsicht ist eine originäre Führungsaufgabe und obliegt grundsätzlich der Leitung der Organisation als juristisch Bevollmächtigte im Sinne von § 315 BGB im Außen- und Innenverhältnis.

§

Nur die Leitung einer Organisation besitzt das Recht, Arbeitsverträge abzuschließen und die Einhaltung der vereinbarten Vertragspunkte in Ausübung der Dienstaufsicht zu kontrollieren.
Daneben können einzelne Elemente der Dienst- und Fachaufsicht den jeweiligen untergeordneten Bereichen per Geschäftsordnung, Dienstanweisung oder Stellenbeschreibung delegiert werden.

Beispiel:

Fr. Melanie B. ist Erzieherin und Leiterin der Wohngruppe 1 in einer Einrichtung für erwachsene Menschen mit Behinderungen. Zu Beginn ihrer Tätigkeit erhielt sie eine Stellenbeschreibung, aus der ihr Tätigkeitsbereich, ihre Aufgaben und ihre Befugnisse als Wohngruppenleiterin hervorgingen. Darin ist ebenfalls vermerkt, dass sie und ihre Wohngruppe der pädagogischen Leitung unterstellt sind.

Abbildung 7: Aufbauorganisation

§

Die Fachaufsicht innerhalb einer Organisation betrifft die inhaltliche Ausführung und fachliche Qualität der Tätigkeit (interne Fachaufsicht). Der Träger einer Einrichtung überträgt in der Regel die Fachaufsicht der pädagogischen Leitungskraft. Sie ist letztlich verantwortlich für das pädagogische Konzept der Einrichtung und dessen Ausführung. Soziale Einrichtungen unterliegen zudem aufgrund gesetzlicher Vorgaben (SGB VIII, SGB IX) einer Fachaufsicht seitens der Behörden (externe Fachaufsicht).

2.1.3 Geschäftsordnung

Unter einer Geschäftsordnung versteht man eine Zusammenfassung aller grundlegenden Regelungen einer Organisation.

Sie gibt Auskunft über die Ziele, Aufgaben und Kompetenzen der einzelnen Organe der Organisation. Mit einer klar formulierten Geschäftsordnung soll die Handlungsfähigkeit einer Organisation vor allem bei auftretenden Konflikten gewährleistet werden.

Beispiel:

Struktur einer Geschäftsordnung eines Trägervereins einer Kinderbetreuungseinrichtung:

1. Zusammensetzung des Vereins und seiner Gremien
2. Ziele und Aufgaben des Vereins und der einzelnen Organe
3. Entscheidungsstrukturen und –befugnisse
4. Beschlussfassung
5. Protokollführung
6. Verschwiegenheitspflicht
7. Informationspflicht

2.2 Ablauforganisation

Während die Aufbauorganisation die Rahmenbedingungen relativ statisch festlegt, d. h. welche Aufgaben von welchen Menschen und Sachmitteln zu bewältigen sind, regelt die Ablauforganisation die innerhalb dieses Rahmens ablaufenden Prozesse.

Bereich	Ablaufschritte								
z. B.	1 – 2 – 3 – 4 – 5 – 6 – 7								
Tätigkeiten									
Beginn der Tätigkeit									
Ende der Tätigkeit									
Mitarbeiter									
Sachmitteln									
Finanzen									

Tabelle 2: Ablaufdiagramm

2.2.1 Formale Steuerungsinstrumente in der Ablauforganisation

Stellenbeschreibungen

Stellenbeschreibungen sind von Personen unabhängige Arbeitsplatz- oder Tätigkeitsbeschreibungen, aus denen die konkreten Aufgaben, die Zuständigkeiten, die Befugnisse und Zuordnungen ersichtlich sind.

Grundsätzlich dienen die Stellenbeschreibungen dazu, die Pflichten und Verantwortlichkeiten, die sich aus dem Arbeitsvertrag ergeben, zu konkretisieren und die strukturelle Einbindung in die Organisation mit den eventuellen Weisungsbefugnissen und Rechenschaftsverpflichtungen zu dokumentieren. In Ausschreibungsverfahren und bei Neueinstellungen dienen vorhandene Stellenbeschreibungen als Grundlage für das erwartete Bewerberprofil. Mit der Unterschrift der Leitung der Organisation, der zuständigen Abteilungsleitung und des Mitarbeiters wird eine Stellenbeschreibung rechtsverbindlich und Bestandteil des Arbeitsvertrages. Auf dieser Grundlage werden Leistungsbeurteilungen erstellt und bei einer groben Nichterfüllung der erwarteten Anforderungen Abmahnungen erteilt.

Eine Stellenbeschreibung sollte folgende Bestandteile enthalten:
1. Beschreibung des Tätigkeitsbereiches
2. Vorgesetzte und nachgeordnete Funktionsstelle
3. Ziele dieser Funktionsstelle
4. Hauptaufgaben des Stelleninhabers
5. Kompetenzen und Befugnisse
6. Rechenschafts- und Informationspflicht
7. evtl. Mitarbeit und Kooperation in Gremien
8. Anforderungsprofil

Dienstanweisungen

Dienstanweisungen sind mündliche oder schriftliche und verbindliche Arbeitsaufträge, die von der nächsthöheren Vorgesetztenebene aufgrund des Direktionsrechtes des Arbeitgebers nach §315 BGB ausgesprochen werden können.

Dienstanweisungen können generell oder situationsgebunden auf eine erwartete Verhaltensweise als Verfahrensanweisung gerichtet sein.

Prozessregelungen

Prozessregelungen sind Beschreibungen von Arbeitsabläufen, die personenunabhängig standardisiert sind und für alle Mitarbeiter in der jeweiligen Tätigkeit verbindlich festgelegt sind.

Die Prozessregelungen unterscheiden sich von einer Dienstanweisung darin, dass sie in der Regel in einem Dialogprozess mit Mitarbeitern und Führungskräften entstanden sind und Aussagen über das angestrebte Ziel des Prozesses und der Qualitätsstandards enthalten. Wenn es gelingt, möglichst alle Mitarbeiter als Gestalter ihrer eigenen Tätigkeiten einzubeziehen, wächst in erheblichem Maße die Chance, dass sie diese auch so wie vereinbart umsetzen.[6]

2.2.2 Informelle Elemente einer Ablauforganisation

In allen Dienstleistungsbereichen ist der konkrete Mensch als Mitarbeiter/-in oder als Nutzer der Dienstleistung ein lebendiger Organismus, der nicht wie ein materieller Gegenstand kalkulierbar und berechenbar ist. Selbst wenn die Ablauforganisation die einzelnen Abfolgen einer Tätigkeit genauestens und unter aktiver Beteiligung der Mitarbeiter/-innen entwickelt hat, besteht keine Garantie, dass diese auch bei vorhandener Höchstmotivation auf diese Weise so umgesetzt werden können.
Gerade in personenbezogenen Dienstleistungen spielen Übereinkünfte zwischen den Mitarbeitern über das Abweichen vereinbarter Prozesse aufgrund von situativen Gegebenheiten eine wichtige Rolle. Die Voraussetzung dazu liegt in einer hohen Kommunikationsdichte untereinander über die Arbeitsabläufe und einer hohen Motivation der Mitarbeiter.
Im positiven Fall kann die informelle Ablauforganisation die formalen Gegebenheiten ergänzen. Dagegen können informelle Prozesse gegen die Vereinbarungen der Organisation gerichtet sein und die Effektivität wie die Effizienz der Dienstleistung erheblich negativ beeinflussen.

---

[6] *Siehe Kapitel 3 „Qualitätsmanagement in sozialen Organisationen"*

2.3 Aufgaben für die vertiefende Einzel- und Gruppenarbeit

1. Entwickeln Sie ein Organigramm einer Einrichtung aus Ihren Praxiserfahrungen. Berücksichtigen Sie Linien- und Stabfunktionen und markieren Sie die Dienst- und Fachaufsicht.

2. Erstellen Sie eine Stellenbeschreibung einer Erzieherin, die in einer Tagesbetreuungseinrichtung für Kinder einmal als Leitung und in einem anderen Fall als Integrationsfachkraft eingesetzt werden soll.

Im Modul 1 des Lernprogramms finden Sie weitere Aufgaben, mithilfe derer Sie die Lerninhalte vertiefen können.

Qualitätsentwicklung in sozialen Organisationen 3

Lernziele:

- Beschreiben der Besonderheit eines Qualitätsverständnisses im Rahmen einer sozialen Dienstleistung
- Erfassen der wesentlichen Elemente eines Qualitätsmanagementsystems in sozialen Organisationen
- Übertragen und anwenden auf spezifische Praxissituationen

Lernprogramm – Modul 2: Wir möchten Ihnen in diesem Modul Annas erstes großes Projekt vorstellen, in das sie einbezogen wird: Sie arbeitet gleich in den ersten Wochen in der Arbeitsgruppe „Qualitätszirkel" mit und lernt dadurch viele Elemente der Einrichtung hautnah kennen.

3.1 Qualität und Qualitätsentwicklung

3.1.1 Definitionen

„Qualität" im Umfeld der Organisationsentwicklung ist ein neutraler Begriff und sagt – anders als in der Alltagssprache – nichts über die Güte und die Beschaffenheit eines Produktes oder einer Leistung an sich aus.

Qualitätsbegriff

Der Begriff „Qualität" gibt vielmehr ein Maß dafür an, in wie weit ein Produkt oder eine Leistung mit den Anforderungen oder Erwartungen, die in sie gesetzt werden, übereinstimmt.

Das Bemühen um Qualität bedeutet Erwartungen zu erfüllen. In einem sozialen Arbeitsfeld zeigt sich dieses Maß als die subjektiv empfundene Übereinstimmung zwischen einer Erwartung eines Erwartungsträgers und einer versprochenen Leistung durch einen Dienstleister.

Dabei sind in der Regel innerhalb einer sozialen Institution mehrere Gruppen von Erwartungsträgern bekannt:

- öffentliche Auftraggeber einer Dienstleistung (z. B. Erziehung, Bildung und Betreuung von Kindern)
- Träger einer Einrichtung (hier: Tagesbetreuungseinrichtung für Kinder)
- Mitarbeiter der Einrichtung (sozialpädagogische Fachkräfte)
- Eltern und Kinder, welche die Leistung der Tagesstätte in Anspruch nehmen

Es ist schwer vorzustellen, dass es jederzeit gelingen kann, diese heterogenen Erwartungsträgern „unter einen Hut zu bringen". Es ist daher ein Aushandlungsprozess erforderlich, der auch als „Qualitätsmanagement" bezeichnet wird.

Qualitätsmanagement

Unter einem Qualitätsmanagement versteht man alle systematisch geplanten und strukturierten Maßnahmen zur Entwicklung und Auswertung von Qualität.

§

Gesellschaftliche und politische Entwicklungen zwingen soziale Institutionen zum Nachweis der Qualität ihrer Leistung und machen das Qualitätsmanagement zu einem zentralen Führungs- und Gestaltungsinstrument.
Vereinbarungen zur Qualitätsentwicklung sind ein Teil eines Qualitätsmanagementsystems und z. B. bei der Finanzierung von Leistungen der öffentlichen Jugendhilfe nach § 74 SGB VIII verbindlich vorzunehmen. Ohne einen Nachweis eines Qualitätsmanagements, das bestimmte Standards festlegt, fließen keine Finanzmittel. Dabei sind die Institutionen in der Form des konkreten Verfahrens frei. Unabhängig von unterschiedlichen Verfahren und Konzepten besteht ein Qualitätsmanagement aus einzelnen Bausteinen zur Einführung entsprechender Maßnahmen und deren Messung bezüglich ihrer Wirksamkeit.

Nach dem heutigen fachlichen Standard sollte ein Qualitätsmanagementsystem aus folgenden Bestandteilen bestehen:

- Aussagen zum Selbstverständnis und Leitbild der Organisation
- Aussagen über die Qualität der einzelnen Prozesse (Standards)
- Aussagen über die Messung der Qualität in der Organisation

Unter Qualitätsmanagement werden somit alle Anstrengungen verstanden, die zu einer möglichst optimalen Übereinstimmung zwischen den unterschiedlichen Erwartungen und der tatsächlich ausgeübten Dienstleistung führen. Diese sind ein Teil der Organisationsentwicklung und ein zentraler Bestandteil jeder Unternehmensführung.
Zum Gelingen dieses Aushandlungsprozesses unter den genannten Erwartungsträgern sind spezifische Bestandteile einer Qualitätsentwicklung unbedingt erforderlich.
Diese müssen vereinheitlicht und standardisiert werden. Diese Standards beziehen sich zum einen auf die Rahmenbedingungen, welche die konkrete Dienstleistung ermöglichen (Strukturqualität), und zum anderen auf die einzelnen Abläufe (Prozessqualität). Damit lassen sich Vorgänge rekonstruieren und evtl. neu ausrichten (Ergebnisqualität).

3.1.2 Strukturqualität

Es sind Kriterien zur Messung von Qualität zu entwickeln, die eine Einschätzung von Abläufen und Prozessen gemessen an den unterschiedlichen Erwartungen ermöglichen. Gerade in einer sozialen Dienstleistung, die meist von Menschen für Menschen erbracht wird, kommt es auf die angemessene Einschätzung der Qualität der Dienstleistung an.

Diese Einschätzung hat objektive und subjektive Komponenten, die in den folgenden Absätzen näher erläutert werden:

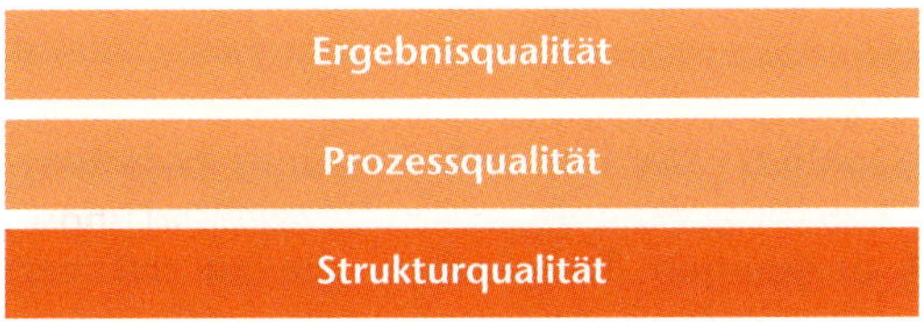

Abbildung 8: Strukturqualität

Die Strukturqualität bezieht sich auf die Rahmenbedingungen, die eine soziale Dienstleistung erst ermöglichen.

Diese sind in der Regel besonders in Tätigkeitsfeldern, die mit öffentlichen Mitteln gefördert werden, von Gesetzen und deren Ausführungsverordnungen abhängig.

Die Strukturqualität einer Dienstleistung setzt sich aus folgenden Elementen zusammen:

- räumliche Ausstattung. Hier werden alle materiellen Gegebenheiten, die zur Ausführung der Leistung erforderlich sind, aufgeführt. Die Infrastruktur (Lage, Verkehrsanbindung, öffentlicher Nahverkehr) einer Einrichtung, die Größe, die bauliche Substanz und die Ausstattung mit einem zweckdienlichen Inventar stellen zunächst einmal die äußerlich erkennbaren Kriterien der Strukturqualität dar. Dabei geht es nicht nur um die Verwirklichung ästhetischer Prinzipien, sondern gerade auch um die Funktionalität der einzelnen räumlichen Voraussetzungen im Hinblick auf das Leistungsversprechen der Einrichtung.
- Personalmanagement. In einer sozialen Dienstleistung von Menschen für Menschen spielt die Ausstattung mit dem entsprechenden Fachpersonal eine grundlegende Rolle. Gesetzliche Vorgaben und Regelungen fordern bezogen auf die jeweilige Dienstleistung einen angemessenen Personalschlüssel und den Nachweis einer entsprechenden Qualifikation des Fachpersonals (Ausbildungen, Weiterbildungen). Um den Erwartungen aller Beteiligten gerecht zu werden, ist darüber hinaus zusätzlich ein umfassendes Personalkonzept (Personalplanung, Personalverwaltung und Personalentwicklung) als ein bedeutender Bestandteil der Strukturqualität einer sozialen Dienstleistung anzusehen.

Wie kann man die Strukturqualität messen?

Die Qualität der vorhandenen Strukturen lässt sich anhand der Fakten und Daten und deren Übereinstimmung mit den gesetzlichen Vorgaben sowie den Erwartungen der Nutzer der Leistung (z. B. Kinder, Eltern, Mitarbeiter und öffentliche Auftraggeber) ermitteln.

Da die Tätigkeiten von sozialen Organisationen meist im Auftrag staatlicher Stellen erfolgen, greifen gesetzliche Kontrollmechanismen, die die Verwendung der eingesetzten Mittel oder die Einhaltung der Hygieneverordnung überprüfen, ein.
Die Strukturqualität sollte nicht nur aus Sicht der Auftraggeber (öffentliche Organe), sondern vor allem aus Sicht der Nutzer der Dienstleistung, also z. B. der Eltern in einer Kindertagesbetreuung, gesehen werden. Diese können in einer mündlichen oder schriftlichen Befragung ihre Einschätzung der Strukturqualität der Einrichtung (Infrastruktur, Raumausstattung, Personalmanagement) wiedergeben.

3.1.3 Prozessqualität

Wenn man unter „Qualität" die Übereinstimmung zwischen einer Erwartung und einer tatsächlichen Leistung versteht, dann bezeichnet man mit „Prozessqualität" die Beschaffenheit derjenigen Tätigkeiten, die zu der versprochenen Leistung führen.

Dazu gehören vor- und nachbereitende Tätigkeiten genauso wie die konkrete Leistung selbst.

Abbildung 9: Prozessqualität

Diese zielgerichtete Auffassung von „Qualität" lässt den Schluss zu, dass die „Prozessqualität" aussagt, ob alle Abläufe von der Idee, der Planung und Durchführung bis zur Auswertung einer Tätigkeit auch tatsächlich dem gesetzten Ziel entsprechen.
Dabei unterscheidet man unterschiedliche Arten von Tätigkeiten: verwaltende Tätigkeiten (sog. Managementprozesse), die konkrete Dienstleistung (sog. Kernprozesse), begleitende Abläufe und Verfahren (sog. Unterstützende Prozesse).

Managementprozesse

Unter Managementprozessen werden planende, verwaltende und strategisch ausgerichtete Abläufe verstanden. Darunter fallen alle Tätigkeiten, die mit Verwaltung und Steuerung einer Organisation verbunden werden.

Als Beispiel sei hier die Durchführung einer Teamsitzung einer Kindertagesstätte genannt:

Das Team von 12 Mitarbeitern trifft sich regelmäßig im Abstand von 14 Tagen zu einer eigenen Besprechung. Die Planung der Tagesordnung übernimmt die Leitung des Teams. Die Mitarbeiter der Einrichtung können jeweils gewünschte Tagesordnungspunkte einbringen. Die Durchführung der Besprechung folgt einer festen Struktur, die je nach aktuellem Bedarf verändert werden kann.

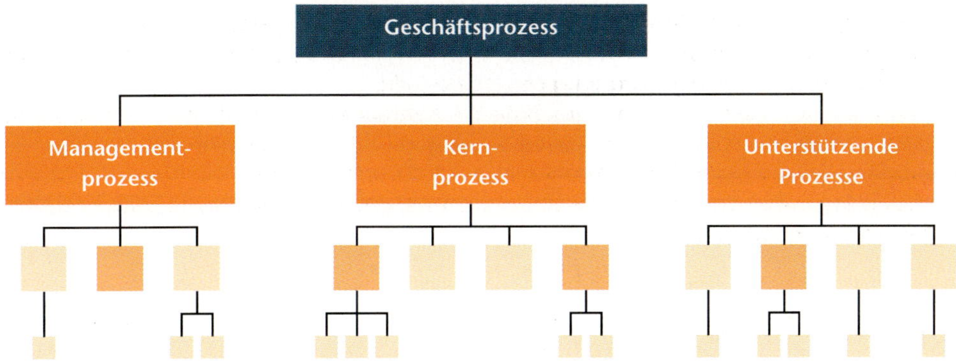

Abbildung 10: Geschäftsprozesse 1

Kernprozesse

Mit dem Begriff Kernprozesse werden alle Tätigkeiten benannt, die unmittelbar mit dem Selbstverständnis der Institution und mit den versprochenen Leistungen verbunden sind.

Im sozialpädagogischen Arbeitsfeld sind dies vor allem Tätigkeiten, die unmittelbar mit der Zielgruppe der Leistungen verknüpft sind: z. B. Vorbereitung, Durchführung und Auswertung von Beratungsgesprächen mit Eltern, Gestaltung eines Projektes mit Kindern usw. In den Kernprozessen drückt sich am deutlichsten der zentrale Auftrag der Organisation aus. Daher sollte auf die Entwicklung und Beschreibung der einzelnen Kernprozessschritte größten Wert gelegt werden.

Unterstützende Prozesse:

Unterstützende Prozesse stehen zwar nicht im Mittelpunkt der Prozessqualität, sie haben jedoch eine wichtige und begleitende Funktion.

Sie bestehen im Wesentlichen aus Serviceeinheiten, die zum Gelingen der Kernprozesse einen nicht zu unterschätzenden Beitrag leisten. Diese können z. B. aus Abläufen in der Küche einer Kindertagesstätte bestehen oder aus Vorgängen in der Reparatur von Einrichtungsgegenständen.

Alle Managementprozesse, Kernprozesse und unterstützende Prozesse dienen der Verbesserung der Leistung und der kontinuierlichen Entwicklung der Qualität.

In einer Organisation gibt es eine Vielzahl von Abläufen und Verfahren. Einige sind schriftlich niedergelegt, andere werden durch Vorgesetzte und Mitarbeiter mündlich weitergegeben. Es liegt auf der Hand, dass sie individuell und situationsabhängig interpretiert werden können. Daher ist es im Sinne einer kontinuierlichen und systematischen Entwicklung der Dienstleistung erforderlich, dass die einzelnen Prozesse schriftlich fixiert und nach objektiven Maßstäben ausgewertet werden. Somit können sie einer Überprüfung unterzogen werden.

Beispiele von Geschäftsprozessen:

Managementprozesse:	Konzept entwickeln Finanzen planen und bilanzieren Personalplanung und -entwicklung managen
Kernprozesse:	Design, Planung, Durchführung und Auswertung von pädagogischen Prozessen Kooperation mit Eltern intensiv pflegen Kooperation mit sozialen Diensten aufrecht erhalten Öffentlichkeitsarbeit gestalten
Unterstützende Prozesse:	Instandhaltung, Reinigung organisieren Dokumentenverwaltung

Abbildung 11: Geschäftsprozesse 2

Wie kann man die Prozessqualität messen?

Die Prozessqualität lässt sich im Vergleich zwischen Ausgangspunkt, Erwartung und Ergebnis der durchgeführten Maßnahme messen.

Anhaltspunkte für die Überprüfung sind die schriftlich fixierten Prozessregelungen, die in ihrer Gesamtheit das Leistungsversprechen darstellen. Sie sind bezüglich ihrer beabsichtigten Wirkung zu untersuchen.
Die Auswertung der Prozessqualität kann in einer externen oder in einer internen Bewertung (sog. Audit) erfolgen. In einem externen Audit begutachtet eine unabhängige Person die einzelnen Abläufe, in einem internen Audit evaluiert die Organisation selbst nach vorher festgelegten Kriterien die Qualität der jeweiligen Prozesse.

3.1.4 Ergebnisqualität

In einer sozialen Dienstleistung ist – vergleichbar mit allen anderen Feldern – das konkrete Ergebnis relevant: Wurden die Erwartungen erfüllt? Hat jeder Beteiligte seine Ziele erreicht? Konnten die Interessen und Bedürfnisse befriedigt werden?

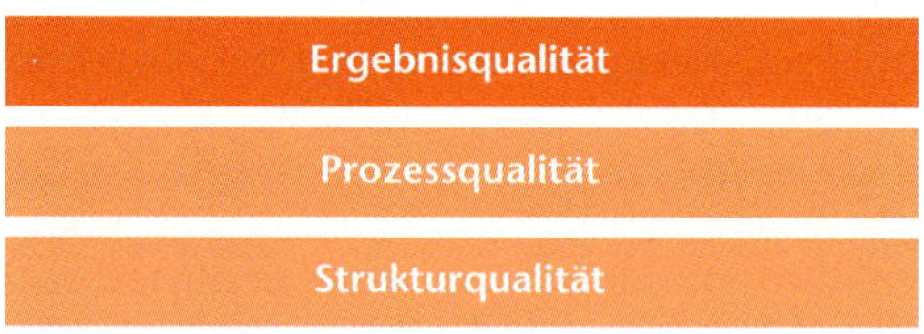

Abbildung 12: Ergebnisqualität

Die Ergebnisqualität stellt den Grad der Erreichung der selbstgesetzten Ziele und der Erfüllung der Erwartungen dar.

Sie hat in einer sozialen Dienstleistung eine objektive und subjektive Komponente, die nicht unbedingt übereinstimmen müssen. Die objektive Komponente eines Ergebnisses lässt sich lapidar an dem Vorhandensein einer bestimmten Leistung messen. Von Bedeutung ist in diesem Fall, ob eine Maßnahme auch stattgefunden hat. Die subjektive Komponente eines Ergebnisses ist von vielen persönlichen, zwischenmenschlichen und organisatorischen Faktoren abhängig und als solche nicht konstant planbar. Umso entscheidender ist die genaue Vereinbarung zwischen Auftraggeber und Auftragnehmer bezüglich des erwarteten Ergebnisses. Die subjektive Komponente stellt die Überstimmung der Erwartung einer bestimmten Leistung mit der subjektiven Einschätzung des Ergebnisses anhand einer Zufriedenheitsskala dar.

An einem konkreten Beispiel soll dies verdeutlicht werden:

In der Kindertagesstätte „Sonnenschein" findet ein Elternabend zur Schulvorbereitung der fünf- und sechsjährigen Kinder statt. Die Eltern werden von den sozialpädagogischen Fachkräften über die Bedeutung der einzelnen Angebote in der Kindertagesstätte im Hinblick auf eine kompetente Schulvorbereitung informiert.

Sie lernen z. B. die pädagogische Intention kennen, die Erzieher und Erzieherinnen auf der Grundlage des geltenden Erziehungs- und Bildungsplanes mit ihren Angeboten verbinden. Die Eltern können ihrerseits ihre Erwartungen an die Kindertagesstätte formulieren, ihre Vorstellungen einbringen und sich mit dem pädagogischen Konzept auseinander setzen.

Die objektive Komponente der Leistung „Schulvorbereitung im fünften und sechsten Lebensjahr" lässt sich an dem formulierten pädagogischen Konzept und an der Durchführung gezielter Maßnahmen auf der Grundlage des geltenden Erziehungs- und Bildungsplanes sowie der Vorgaben des jeweiligen Schultypus festmachen (z. B. ganzheitliche und individuelle Begleitung des einzelnen Kindes, altersgerechte Bildungsangebote).

Die subjektive Komponente der Leistung findet sich in der Einschätzung der beteiligten Personengruppen wieder: in der systematischen Auswertung der einzelnen Maßnahmen durch das pädagogischen Fachpersonal, in der Einschätzung der Eltern bzgl. der individuellen Schuleignung ihrer Kinder und der Einschätzung der beteiligten Schulen auf der Grundlage der geltenden Schuleignungskriterien.

Die Ergebnisqualität zeigt sich zusammenfassend in der Übereinstimmung der Leistungsversprechen mit den tatsächlichen Gegebenheiten und der Einschätzung der beteiligten Personengruppen.

Wie kann man die Ergebnisqualität messen?

Die Ergebnisqualität wird unter dem Aspekt der objektiven Komponente mit der Übereinstimmung zwischen Vorgaben und tatsächlichen und nachweisbaren Fakten durch eine interne oder externe Überprüfung festgestellt.

Die subjektive Einschätzung der erlebten Qualität einer Leistung lässt sich durch eine individuelle Befragung der beteiligten Personen mit ihren eigenen Maßstäben zusammentragen. Die durch beide Messverfahren erzielte nachweisbare Übereinstimmung der Leistungsversprechen mit den erfüllten Erwartungen an diese bezeichnet man als Ergebnisqualität.

Das hier dargestellte Verständnis von Qualität innerhalb einer sozialen Dienstleistung übersteigt bei weitem den technischen Begriff der Qualitätssicherung. „Qualität" in einer sozialen Dienstleistung entsteht im Augenblick der Tätigkeit und wird subjektiv als Übereinstimmung zwischen Erwartung und Leistung von den jeweiligen Nutzern definiert (Ergebnisqualität). Es setzt ein komplexes Gefüge von Rahmenbedingungen (Strukturqualität) sowie nachbereitenden Tätigkeiten (Prozessqualität) voraus.

3.2 Bausteine eines Qualitätsmanagementsystems

Ein Qualitätsmanagementsystem ist wie schon in 3.1 beschrieben ein systematischer Prozess der Planung, Durchführung und Auswertung von qualitätsrelevanten Elementen einer Dienstleistung.

Es besteht aus aufeinander aufbauenden Komponenten, die hier näher beschrieben werden.

3.2.1 Leitbild und Qualitätspolitik

Ein Leitbild enthält grundsätzliche Aussagen zum Selbstverständnis und der Organisation.

Es berücksichtigt die jeweiligen Besonderheiten und drückt die gemeinsamen Werte aus. Leitbilder bündeln die Unternehmenskultur und bringen die tragenden Elemente auf den Punkt. Am deutlichsten kann das Leitbild in einem Logo und einem prägenden Motto verkürzt ausgesprochen werden.

Die Entwicklung eines Leitbildes in einer Organisation hat folgende Ziele:
- Ein Leitbild gibt der Organisation ein unverwechselbares Profil.
- Es stellt die gemeinsame Grundlage für alle Mitarbeiter dar und fördert die Identifikation mit der Organisation.
- Ein Leitbild verknüpft die unterschiedlichen Ebenen der Organisation.

In dem Entstehungsprozess eines Leitbildes sollten daher möglichst viele Mitglieder der Organisation aktiv beteiligt sein und sich einbringen.

Dazu gehören die verantwortlichen Personen aus der Leitungsebene der Organisation (z. B. die Trägerschaft einer kirchlich geführten Kindertagesstätte), die Führungskräfte der einzelnen Ebenen und alle Mitarbeiter. Es kann nicht von „oben nach unten" delegiert werden, sondern muss mit den Personen, welche die tragenden Leitgedanken umsetzen müssen, entwickelt werden.

Grundlegende Fragen, die zu einem Leitbild führen können:
1. Wer sind wir? Was ist unser Kernauftrag? Wo liegen unsere Prioritäten?
2. Welche Werte und Grundauffassungen tragen uns?
3. Für welche Zielgruppen arbeiten wir?
4. Wo liegen unsere Stärken? Was ist unser Know how?

Bestandteile eines Leitbildes am Beispiel einer sozialpädagogischen Einrichtung:
- kurze und griffige Formulierung zum Profil und zum Motto der Einrichtung
- Grundaussagen zu den Werten in der Einrichtung
- unser Bild vom Kind und Jugendlichen
- unser Selbstverständnis
- was uns trägt und motiviert
- Grundaussagen zum Qualitätsmanagement

Beispiel:

Das Leitbild der Arbeiterwohlfahrt für die Arbeit in Tageseinrichtungen für Kinder:

„Wir unterstützen Menschen, ihr Leben eigenständig und verantwortlich zu gestalten, und fördern alternative Lebenskonzepte.

Wir sind ein Mitgliederverband, der für eine sozial gerechte Gesellschaft kämpft und politisch Einfluss nimmt.

Wir fördern demokratisches und soziales Denken und Handeln. Wir haben gesellschaftliche Visionen.

Wir sind fachlich kompetent, innovativ, verlässlich und sichern dies durch ehren- und hauptamtliche Mitarbeiter. Wir bieten Dienstleistungen hoher Qualität an.

Wir handeln in sozialer, wirtschaftlicher, ökologischer und internationaler Verantwortung und setzen uns nachhaltig für einen sorgsamen Umgang mit vorhandenen Ressourcen ein" (Arbeiterwohlfahrt Bundesverband, 2000, S. 6 ff) .

3.2.2 Management von Prozessen

Alle Prozesse setzen sich zusammen aus einer Reihe von Einzelschritten und Verfahren, die entsprechenden Funktionsstellen bzw. Mitarbeitern zugeordnet sind.

Um diese im Sinne der Organisation und einer optimalen Dienstleistung steuern zu können, müssen sie festgelegt, beschrieben und ausgewertet werden.
Dabei sollten möglichst alle Funktionsstellen und Mitarbeiter einer Organisation einbezogen sein. In einem längerfristigen Diskussions- und Aushandlungsprozess werden die einzelnen Abläufe standardisiert.

Diesen Vorgang bezeichnet man als „Prozessregelung". Danach wird er schriftlich in einer „Verfahrungs- oder Prozessbeschreibung" dokumentiert, allen betroffenen Mitarbeitern zugänglich gemacht und in einem Handbuch veröffentlicht.

Eine Verfahrens- oder Prozessbeschreibung ist zunächst eine reine Ablaufbeschreibung. Sie beginnt bei einer Aktivität, die eine Kette von Abfolgen auslöst und endet, wenn keine Handlungsalternative möglich oder das Ziel erreicht ist.

Im Rahmen eines Qualitätsmanagementsystems haben Verfahrensregelungen zum Ziel, eine Grundlage zur Überprüfung der Wirksamkeit eines Ablaufes zu liefern. Daher sind folgende Punkte existentielle Bestandteile von Verfahrens- bzw. Prozessbeschreibungen:

- Das Ziel einer Tätigkeit oder eines Ablaufes muss detailliert benannt sein.
- Teilprozesse und deren Ergebnisse mit den Schnittstellen müssen ersichtlich sein.
- Es muss erkennbar sein, mit welchen Mitteln das Erreichen des Zieles gemessen werden soll.
- Der jeweilige Verantwortliche für den Prozess muss in den einzelnen Teilschritten genannt werden.
- Die Durchführung soll entsprechend der Anforderung beschrieben sein.

---

[7] *Weitere Leitbilder von Wohlfahrtsorganisationen finden Sie auf den Internetseiten der Wohlfahrtsverbände. (Adressen siehe Anhang).*

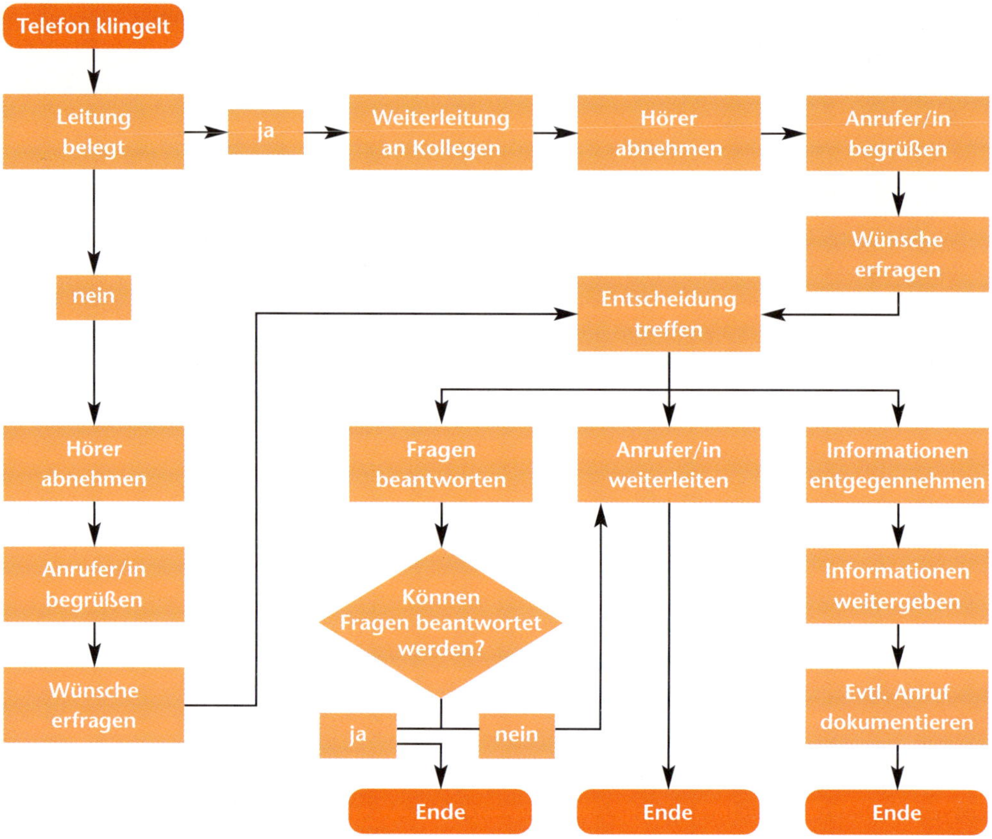

Abbildung 14: Verfahrensbeschreibung. Vgl.: Nötzold, 2002, S. 122

Die Zielbeschreibung eines standardisierten Ablaufes zur Beurteilung der Struktur-, Prozess- oder Ergebnisqualität dient als die zentrale Grundlage für die konkrete Auswertung. Dabei gilt, je genauer die Zielbeschreibung formuliert ist, desto klarer und eindeutiger ist die Auswertung möglich.

In unserem Beispiel würde das Ziel erreicht sein, wenn die Mitarbeiterin in der Telefonzentrale einer sozialen Einrichtung alle Anrufe entgegennehmen, das Anliegen des Anrufenden aufnehmen, beantworten, weiterleiten oder zum Rückruf dokumentieren kann. Dieses Ziel lässt sich auf unterschiedliche Weisen messen. Je nach technischer Ausstattung der Telefonanlage lassen sich die Anzahl und die evtl. Weiterleitung der geführten Telefongespräche automatisch auswerten. Dies ist eine Frage der Kapazität und wohl nur in größeren Organisationen umsetzbar. In vielen sozialen Organisationen, in denen dies nicht möglich ist, kann die eigene Selbstbewertung der Mitarbeiter und die stichprobenartige Beurteilung durch interne oder externe Auditoren Aufschluss bringen über die Qualität dieses Prozesses.

Verfahrens- und Prozessbeschreibungen werden nicht um ihrer selbst willen erarbeitet, sondern um eine systematische Grundlage für die Beurteilung der Qualität der Abläufe zu erhalten.

Eine Prozessbeschreibung sollte folgende formale Kriterien enthalten:
- Der Kopf einer Prozessbeschreibung
- Die Prozessregelung
- Der Abschluss einer Prozessbeschreibung

Der Kopf einer Prozessbeschreibung

Im Kopfbereich einer Verfahrensregelung soll auf den ersten Blick der Geltungsbereich, der Titel des Ablaufes und das Ziel erkennbar sein. Um die Regelung identifizieren und archivieren zu können, benötigt sie eine eindeutige ID-Nummer.

ID-Nummer: **E – 08-03-2**	**Prozessregelung**	**Geltungsbereich:** Telefonzentrale der …
Titel:	Entgegennahme und Weiterleitung von internen und externen Anrufen	
Ziele:	Alle Anrufe werden entgegengenommen, das Anliegen des Gesprächsteilnehmers wird aufgenommen, wenn möglich beantwortet, weitergeleitet oder zum Rückruf dokumentiert.	

Abbildung 15: Kopf einer Verfahrensbeschreibung

Die Prozessregelung

Im Hauptteil einer Verfahrensbeschreibung wird das Verfahren abgebildet und die Schnittstellen mit den möglichen Variablen benannt (z. B. „Leitung belegt“: Bei der Option „Ja“ wird der Anruf weitergeleitet, bei „Nein“ nimmt die Kollegin aus der Telefonzentrale den Anruf entgegen).

	Prozessregelung	**Geltungsbereich:**
	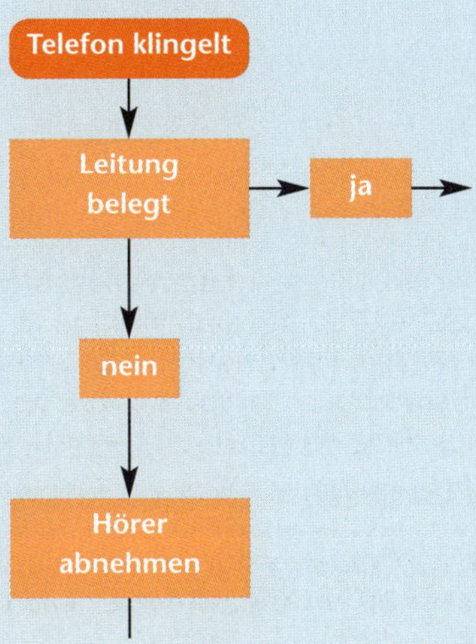	Mitarbeiter/in in der Telefonzentrale . In Zeiten hoher Anrufsdichte unterstützt eine Mitarbeiterin der Verwaltung die Telefonzentrale. Verantwortlich für die Einteilung und Prozessauswertung ist die Leitung des Verwaltungsbereiches.

Abbildung 16: Hauptteil einer Verfahrensbeschreibung. Vgl.: Nötzold, 2002, S. 122

Zur Verdeutlichung der einzelnen Schritte empfiehlt es sich, die grafische Darstellung zu wählen und sich der eingeführten Symbolik zu bedienen. Damit werden die meisten Abläufe übersichtlich und transparent. Diese habe im Prozessmanagement eine spezifische Bedeutung:

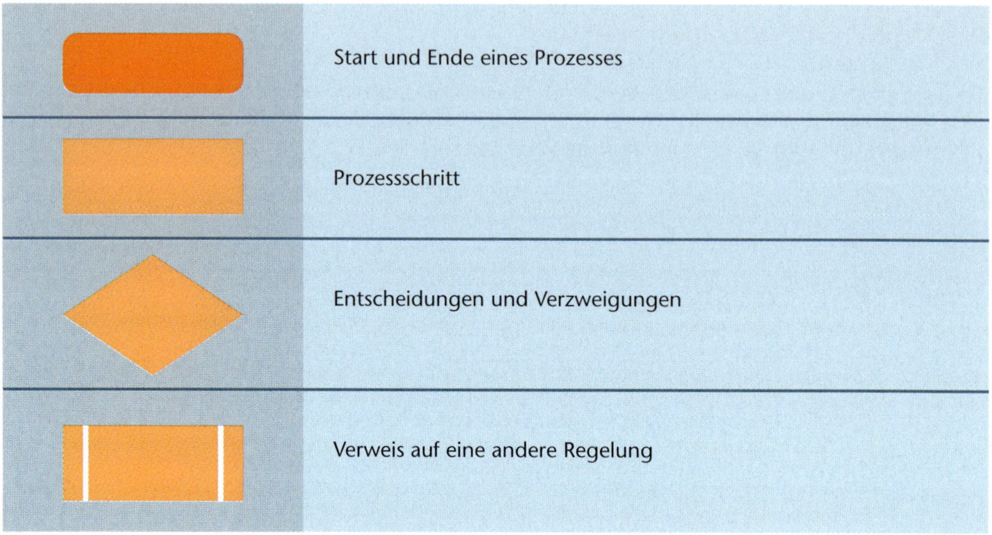

Abbildung 17: Symbole im Prozessmanagement

Der Abschluss einer Prozessbeschreibung:

Der Abschluss einer Prozessbeschreibung hat noch einmal eine wichtige Informationsfunktion. Er identifiziert die Verfahrensbeschreibung bzgl. ihrer Autoren, des Erstellungsdatums und der jeweiligen Version.

Freigegeben von .... am	Bearbeitet von .... am	Erstellt von .... am	Handbuch	Version	Seite ...... /...........

Abbildung 18: Abschluss einer Prozessbeschreibung

Dieser Teil der Verfahrensbeschreibung liefert wichtige Informationen für das Qualitätsmanagement. Es soll sicher gestellt sein, dass es sich bei dem vorliegenden Formular um die jeweilig aktuelle Version handelt und die Verantwortlichen für die Erstellung, Bearbeitung und Freigabe jederzeit erkennbar sind. Außerdem wird in der Spalte „Handbuch" die Regelung im jeweiligen Qualitätsmanagement-Handbuch eingeordnet und der Umfang in der Spalte „Seite" angegeben. Jede Verfahrensbeschreibung wird von den Verantwortlichen der Organisation und den betreffenden Mitarbeitern unterschrieben. Damit werden die vereinbarten Verfahren verpflichtend und dienen auch als Grundlage für die Leistungsbeurteilung.
Die Form der Verfahrensbeschreibung als solche ist nicht bindend, dennoch empfiehlt es sich eine vergleichbare Vorgehensweise in der grafischen Darstellung zu wählen, um die Abläufe übersichtlich und transparent darzustellen.

Welche Prozesse sollen beschrieben werden?

Grundsätzlich sollen nur die erforderlichen Prozesse beschrieben sein. Doch die Entscheidung, welche Abläufe „erforderlich" sind und welche nicht, ist abhängig vom Qualitätsverständnis.

Aus dem oben genannten Qualitätsbegriff (Kap. 3.1) lässt sich schließen, dass vor allem die Prozesse eine hohe Qualitätsbedeutung haben, die eine unmittelbare Auswirkung auf die Beschaffenheit der Tätigkeit für den Nutzer der Dienstleistung (z. B. Kinder und Eltern einer Kindertagesstätte) haben. Dabei können sowohl Management- und Kernprozesse sowie unterstützende Prozesse betroffen sein.

Beispiele für die Auswahl von Prozessbeschreibungen:

Managementprozesse:	Prozess	Verfahren
	Personalplanung	Auswahl und Einarbeitung neuer Mitarbeiter
	Personalentwicklung	Führen und Auswerten von Mitarbeitergesprächen
Kernprozesse	Aufnahme eines Kindes	Informationsgespräch mit den Eltern Eingewöhnungsphase des Kindes
	Kooperation der Mitarbeiter	Durchführung einer Teambesprechung
unterstützende Prozesse	Pflege des Mobiliars und der Spielgeräte	regelmäßige Überprüfung der Räumlichkeiten und des Außengeländes Wartung und Reparatur des Mobiliars und der Spielgeräte
	Reinigung der Räumlichkeiten	Ablauf und Überpfüfung

Abbildung 19: Beispiele aus einer Kindertagesstätte

3.2.3 Dokumentation im Qualitätsmanagement

In der Entwicklungsphase eines Qualitätsmanagementsystems werden Prozesse und Abläufe standardisiert, schriftlich festgehalten und in einem sog. Qualitätsmanagement-Handbuch systematisch geordnet. Das Handbuch ist die formale Grundlage für ein qualitätsbewusstes Arbeiten. Es dient z.B. für neue Mitarbeiter zur Orientierung und insgesamt als Dokumentation und Orientierung in der Entwicklung innerhalb der jeweiligen Organisation.
Ein Qualitätsmanagement-Handbuch enthält zwei Arten von Dokumenten: Vorgabe- und Nachweisdokumente.

Vorgabedokumente

Unter Vorgabedokumente versteht man z.B. Verfahrensbeschreibungen, die Abläufe standardisieren und für einen gewissen Bereich allgemein gültig und bindend sind.

Sie enthalten Anweisungen zur Ausführung von Tätigkeiten, Formulare oder Checklisten. Sie werden durch die Verantwortlichen autorisiert und entsprechend den Entwicklungen evtl. überarbeitet und angepasst. Sie können aus einem Schriftdokument bestehen oder aus einer Datei zur Weiterverarbeitung am Computer. So ist z. B. eine Vorgabemaske als Datei zur Erstellung eines Protokolls für die wöchentliche Teamsitzung ein Vorgabedokument, das standardisiert und durch die Leitung der Einrichtung autorisiert wurde.

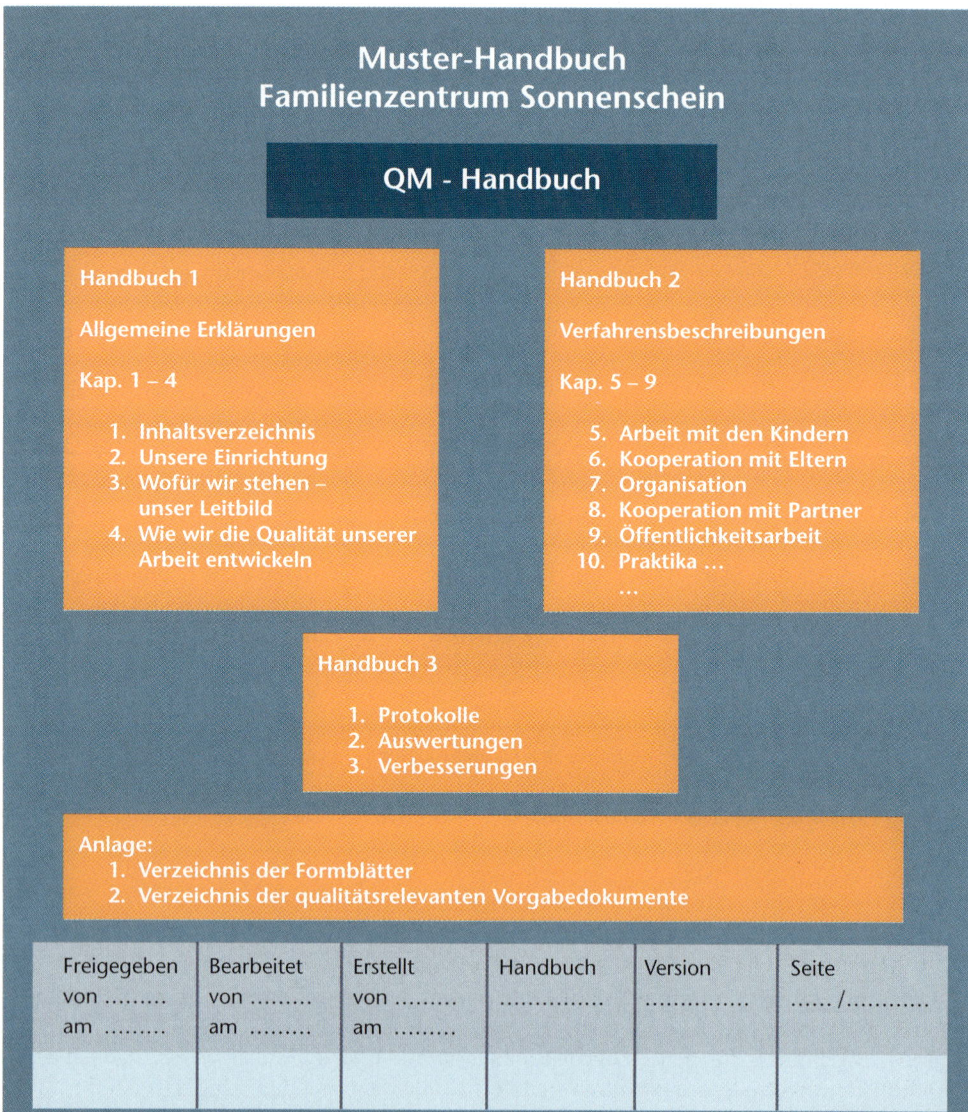

Abbildung 20: Musterhandbuch

Gesellschaftsbezogene Ergebnisse: Die Präsenz in der Öffentlichkeit und das Image einer Institution sind wichtige Indizien einer kundenorientierten und nachhaltigen Ausrichtung der Organisation.

Die Kriterien zur eigenen Selbstbewertung sind grob in der Grafik aufgeführt. Sie werden noch spezifischer in Unterpunkten aufgeteilt und dienen zur eigenen Einschätzung der eigenen Leistung (vgl. EFQM, 2003a, S. 13 ff). Die Prozentangaben stehen für den Anteil an der Gesamtaussage zur Qualität der Leistungen.

Das EFQM-Modell basiert auf Grundkonzepten, die in der folgenden Grafik dargestellt werden.

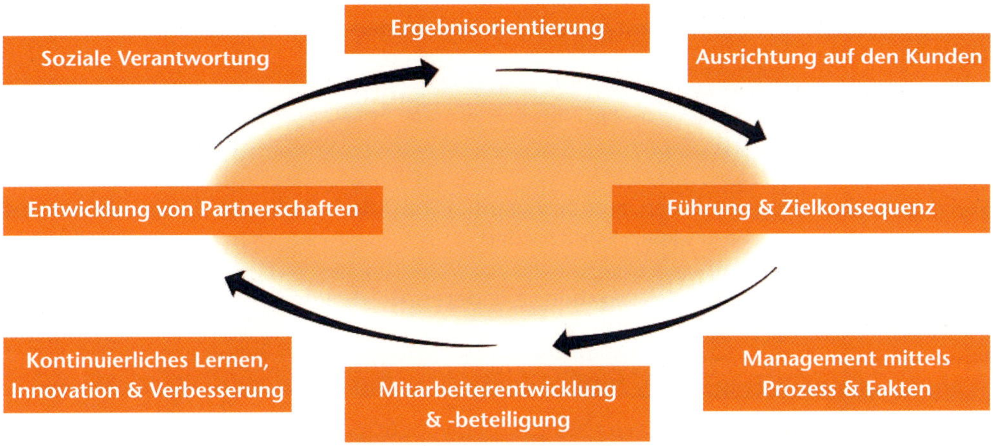

Abbildung 23: Grundkonzepte im EFQM-Modell. EFQM, 2003b, S. 4

Das wesentliche Unterscheidungsmerkmal des EFQM-Modells zum Qualitätsmanagementmodell der EN ISO 9000-Familie besteht in der relativ offenen Selbstbewertung nach den in Abb. 22 aufgeführten Bewertungskriterien, die einen anzustrebenden Idealzustand darstellen. Die ISO hingegen ist ein Sytemansatz, der Anforderungen für ein stabiles, innovatives System zeigt.

Dabei werden die eigenen Standards und Vorgaben mittels Fragebögen oder in Workshops und weiterer Messdaten bezüglich ihrer tatsächlichen Umsetzung und der Reife nach RADDR überprüft.

Die EN ISO 9000-Familie und das EFQM Modell stehen für viele weitere Qualitätsmodelle der freien Wohlfahrtsverbände Pate, welche die organisationsspezifischen Gegebenheiten respektieren. So verfügen z. B. der Deutsche Caritasverband oder die Arbeiterwohlfahrt über eigene Qualitätsmanagementmodelle, die in den jeweiligen Untergliederungen eingeführt werden.

3.4. Evaluation im Qualitätsmanagement

Neben der Standardisierung und Vereinheitlichung von qualitätsrelevanten Abläufen ist die Auswertung der beschriebenen Prozesse und des gesamten Qualitätsmanagementsystems ein weiteres zentrales Element der Qualitätsentwicklung einer Institution. Beide Komponenten müssen unmittelbar aufeinander bezogen und auf die kontinuierliche Verbesserung der Dienstleistung ausgerichtet sein.

Die Grundlage für jede Evaluation in diesem Sinne ist die systematische Beobachtung der einzelnen Abläufe und Verfahren und deren Auswertung.

Eine Form der Ermittlung von Zufriedenheitsdaten von Mitarbeitern oder Kunden ist die Befragung. Dabei müssen zunächst generell die Regelungen zum Sozialdatenschutz beachtet werden.

3.4.1 Sozialdatenschutz

Wenn personenbezogene Daten erhoben werden, hat die betreffende Person, zu der die Daten gehören, einen besonderen Schutzbedarf.

Darunter versteht man alle Angaben, mit deren Hilfe man Auskunft über die Person und Lebenssituation erhält.

§

Im Bundesdatenschutzgesetz (BDSG) wird der Begriff „personenbezogene Daten" wie folgt definiert:

„Personenbezogene Daten sind Einzelangaben über persönliche oder sachliche Verhältnisse einer bestimmten oder bestimmbaren natürlichen Person (Betroffener) (§ 3 BDSG Abs. 1)."

Die Grundlage dafür findet sich in dem Art. 1 GG

§

(1) Die Würde des Menschen ist unantastbar. Sie zu achten und zu schützen ist Verpflichtung aller staatlichen Gewalt.

und in dem Art. 2 des GG:

§

(2) Jeder hat das Recht auf die freie Entfaltung seiner Persönlichkeit, soweit er nicht die Rechte anderer verletzt und nicht gegen die verfassungsmäßige Ordnung oder das Sittengesetz verstößt.
Jeder hat das Recht auf Leben und körperliche Unversehrtheit. Die Freiheit der Person ist unverletzlich. In diese Rechte darf nur aufgrund eines Gesetzes eingegriffen werden.

Das Recht auf die Achtung der eigenen Würde muss bei der Erhebung von Daten, die Personen zuzuordnen sind, beachtet werden.
Wenn im Rahmen z. B. von Jugendhilfemaßnahmen personenbezogene Daten erhoben werden, ist der absolute Schutz vor der unbefugten Verwendung sicher zu stellen.

Im § 35 SGB I ist unter der Überschrift Sozialgeheimnis das generelle Gebot formuliert:

§

„Jeder hat Anspruch darauf, dass die ihn betreffenden Sozialdaten (§ 67 Abs. 1 SGB X) von den Leistungsträgern nicht unbefugt erhoben, verarbeitet oder genutzt werden (Sozialgeheimnis). Die Wahrung des Sozialgeheimnisses umfasst die Verpflichtung, auch innerhalb des Leistungsträgers sicherzustellen, dass die Sozialdaten nur Befugten zugänglich sind oder nur an diese weitergegeben werden“ (§ 35 SGB I).

Dies trifft auf konkrete Angaben zur Person (Alter, Geschlecht, Familienstand) wie auch auf Lebenssituation und Meinungen oder Standpunkte zu. Es ist folglich darauf zu achten, dass bei der Erhebung einer Einschätzung bzgl. der Zufriedenheit mit einer konkreten Dienstleistung keine direkte Verbindung zur Person herzustellen ist.

Eine besondere Brisanz hat die Mitarbeiterbefragung. Dort kann z. B. nach der Zufriedenheit mit der Institution, mit den Führungskräften oder Mitarbeitern gefragt werden. Die Ergebnisse der Befragungen sind z. B. in Qualitätsmanagementsystemen wichtige Steuerungsinstrumente bzgl. der Anforderungen an die Personalentwicklung. Auch hier gilt das absolute Gebot des Datenschutzes. Folgende Punkte müssen hier beachtet werden:
Mitarbeiterbefragungen sind nur auf freiwilliger Basis und möglichst anonym zulässig.
Nach dem Bundesverfassungsgerichtsurteil vom 15. Dezember 1983 kann selbst jede Person über die Freigabe seiner Daten bestimmen:
„Einschränkungen dieses Rechts auf informationelle Selbstbestimmung sind nur im überwiegenden Allgemeininteresse zulässig“ (Az. :1 BvR 209/83, 1 BvR 269/83, 1 BvR 362/83, 1 BvR 420/83, 1 BvR 440/83, 1 BvR 484/83).

Über die Erhebung und Verwendung der Daten muss ausreichend informiert werden.
Wenn die Mitarbeiterbefragung anonym erfolgt, unterliegt diese nicht der Mitbestimmungspflicht nach § 87 Abs. 1 BetrVG. Arbeitgeber müssen lediglich den Betriebsrat oder die Mitarbeitervertretung informieren (§ 80 BetrVG).

Kunden- oder Mitarbeiterbefragungen sind ein hilfreiches Instrument zur objektiven Erhebung von Qualitätsdaten. Sie müssen gut vorbereitet, transparent gestaltet und systematisch ausgewertet werden.

3.4.2 Entwicklung und Durchführung von Befragungen

Zunächst sollte das Ziel und das Kernanliegen der Befragung herausgearbeitet werden. In einem Satz sollte der Leser die Intention der Befragung erfassen können.

Für die Gestaltung der Fragen gilt, möglichst wenig Fragen und diese mit hohem Informationsgehalt zu stellen:
- Einstellungs- oder Meinungsfrage (erwünscht – unerwünscht, lehne ab – stimme zu),
- Überzeugungsfragen (richtig oder falsch),
- Verhaltensfragen („Wie würden Sie sich verhalten, wenn ...),
- offene oder geschlossene Fragen.

Für die Akzeptanz der Befragung ist entscheidend, dass die Wortwahl angemessen und die Fragen klar und leicht verständlich sind. Die Fragen sollten positiv und freundlich formuliert sein.

3.5 Aufgaben für die vertiefende Einzel- und Gruppenarbeit

1. Vergleichen Sie das Qualitätsverständnis eines Industrieunternehmens, das Computertechnik entwickelt, mit dem einer Einrichtung für behinderte Erwachsene. Gehen Sie auf die Gemeinsamkeiten und Unterschiede ein und erläutern Sie insbesondere die Rolle der jeweiligen Zielgruppen.

2. Erläutern Sie an Hand von Beispielen, welche Prozesse und Verfahren in einer sozialen Einrichtung unbedingt beschrieben sein müssen und begründen Sie Ihre Entscheidung.

3. Erstellen Sie für einen Kernprozess Ihrer Wahl eine Prozessbeschreibung und orientieren Sie sich an den hier dargestellten Beispielen. Gehen Sie besonders auf die qualitätsrelevanten Aspekte Ihres Kernprozesses ein.

4. Begründen Sie mit einem konkreten Beispiel die Notwendigkeit einer Dokumentation von qualitätsrelevanten Prozessen.

Im Modul 2 des Lernprogramms finden Sie weitere Aufgaben, mithilfe derer Sie die Lerninhalte vertiefen können.

Lernprozesse i…

Lernziele:

- Erfassen der Dynamik … ener Erfahrungen in sozialer…
- Erkennen der wesentli… s der Sicht der Organisation…

Lernprogramm – Modul 3: Wir begleiten auch hier Anna, unsere Protagonistin, in ihren ersten Wochen in der neuen Einrichtung. Mittlerweile kennt sie alle Kinder und fast alle Eltern. Sie hat einen eigenen Zuständigkeitsbereich und arbeitet gerne mit ihren Kolleginnen z. B. in gemeinsamen Projekten zusammen. Sie lernt dabei unterschiedliche Dynamiken in Organisationen kennen, die sie vor Herausforderungen stellen.

Ein zentraler Baustein in der Ausbildung sozialpädagogischer Fachkräfte liegt in der handlungsorientierten Gestaltung der Lernprozesse. Unterrichtsbegleitend oder in längeren Praxisphasen lernen angehende Fachkräfte nicht nur ihr bisher erworbenes Wissen anzuwenden. Sie werden mit dem beruflichen Alltag von Kollegen und Kolleginnen und mit den jeweiligen strukturellen Bedingungen der sozialen Tätigkeit betraut. Sie erwerben Feldkompetenzen, indem sie mit alltäglichen Aufgabenstellungen in der Pflege, Erziehung, Betreuung oder Bildung von Kindern, Jugendlichen oder Erwachsenen konfrontiert werden und die jeweiligen unterschiedlichen Situationen mit den bis dahin entwickelten Kompetenzen gestalten.
Die stattfindenden Lernprozesse in der handlungsorientierten Ausbildung verknüpfen formale Lernprozesse (Aneignung von Fachwissen) und informelle Lernprozesse (Auseinandersetzung mit den eigenen und fremden Erfahrungen).

Praktikant(inn)en in Praxisphasen sind jedoch nicht nur Lernende, sondern sie verändern allein durch ihre Anwesenheit das nähere Umfeld. Ihre Fragen fordern heraus und ermöglichen nicht selten Lernprozesse in der Praxisstelle.

Diese Erfahrungen aus Ausbildungssituationen lassen sich generell auf Wirkungsmechanismen in Organisationen übertragen:

Menschen lernen nicht nur in ganz konkreten Kontexten, sie verändern sich und verändern ihr Umfeld; gestalten die Organisationen, in denen sie tätig sind, schaffen Strukturen und beeinflussen die Rahmenbedingungen.

Abbildung 24: Handlungsorientierte Ausbildung

Organisationen sind selten stabil, sie sind einer ständigen Veränderung unterworfen. Gerade im sozialen Arbeitsfeld schufen gesetzliche Bestimmungen z. B. im Jugendhilferecht neue Anforderungen an soziale Dienstleister.

Die Fähigkeit, sich auf veränderte Erfordernisse einzustellen, wird nicht nur für jeden einzelnen Mitarbeiter (Stichwort „Lebenslanges Lernen"), sondern für die jeweilige Institution ein zentrales Qualitätsmerkmal.

4.1 Besonderheiten des Lernens in Organisationen

Bevor auf die Frage, wie Organisationen auf die veränderten Anforderungen reagieren, eingegangen werden kann, müssen zunächst die unterschiedlichen Lernformen von Individuen, Gruppen und Organisationen verglichen werden. Dabei wird hier nicht von einer allgemein gültigen Grunddefinition von „Lernen" ausgegangen. Der Begriff wird stattdessen im Kontext unterschiedlicher Sozialformen beschrieben.

4.1.1 Individuelles Lernen

Menschen stellen die kleinste Einheit in einer Organisation dar. Sie haben bestimmte Fähigkeiten und Kompetenzen und bringen sie (im Idealfall) in die Organisation ein.
Die Lernpsychologie hat sich in den letzten 100 Jahren vor allem mit dem Lernen von Individuen beschäftigt. Untersucht wurde, auf welche Art und Weise sich das Individuum an seine Umwelt anpasst und auf diese gestaltend Einfluss nimmt. Dabei bildeten sich drei zentrale Lerntheorien als Erklärungsmodelle von Lernprozessen heraus: Behaviorismus, Kognitive Lerntheorien und Konstruktivismus.

Behavioristische Lerntheorien

Nach behavioristischen Modellen bedeutet „Lernen" ein Prozess, der zu relativ stabilen Verhaltensänderungen führt.

Dabei spielen positive oder negative Sanktionen und Wiederholungen in diesem Modell, das auf die Verhaltenspsychologie aufbaut, eine große Rolle. Bezogen auf das Verhalten in Organisationen lernt das Individuum durch „Versuch und Irrtum“ nützliche von ungünstigen Verhaltensweisen zu unterscheiden. Mögliche Belohnungssysteme (Anerkennung, Höhergruppierung, Leistungsbeurteilung) verstärken das erwünschte Handeln. Negative Sanktionsmuster verhindern nicht erwünschte Reaktionen.

Kognitive Lerntheorien

Kognitive Lerntheorien erklären „Lernen“ als „Erwerb von Einsichten“ aufgrund vorhandener Schemata und „vernünftiger“ Verhaltensoptionen.

Nach diesem Modell entwickelt jeder Mensch im Laufe seines Lebens Erkenntnisse und Verhaltensmuster, die er aus eigenen und fremden Erfahrungen gewinnt und zu neuen möglichen Handlungsmuster weiter verarbeitet. Bezogen auf das Verhalten in Organisationen lernen Mitarbeiter nur, wenn sie neue Informationen in die bereits vorhandenen Erkenntnisse und Fähigkeiten integrieren können.

Konstruktivistische Lerntheorien

Konstruktivistische Lerntheorien gehen von dem Grundsatz aus, dass es keine objektive Realität gibt, sondern dass Menschen sich ihre je eigene Realität erschaffen.

Also existieren keine Organisationen außerhalb der Menschen, die sie selbst durch ihre Vorstellung erst erfinden. Lernen ist somit ein aktiver, selbstgesteuerter und sozialer Prozess. Nach diesem Modell konstruiert jede/r Mitarbeiter/-in einer Organisation sein eigenes Bild von ihr. Handeln ist nur möglich, wenn die einzelnen Akteure miteinander kommunizieren und sich auf ein gemeinsames Handlungskonzept verständigen.

4.1.2 Gruppenlernen

Für die Bildung von Gruppen spricht, dass die Gruppe Leistungen erbringen kann, zu denen ein einzelner Mitarbeiter nicht im Stande wäre. In ihr vergrößern sich Handlungsmöglichkeiten allein durch die Summe der individuellen Fähigkeiten. Das Gruppenlernen bezieht sich auf die Effektivität der Gruppe, die größer oder kleiner als die Summe der individuellen Kompetenzen der Mitglieder sein kann.

In der Gruppe entfalten oder bremsen sich die individuellen Fähigkeiten und entwikkeln eine ganz eigene Dynamik. Durch unterschiedliche Erfahrungen und Kompetenzen der Mitglieder einer Gruppe erhöht sich das Urteilsvermögen und die Komplexität der einzelnen Sichtweisen.

In Non-Profit-Organisationen haben sich auf allen Ebenen und in allen Bereichen Organisationsformen mit überschaubaren Gruppenstrukturen herausgebildet (Wohngruppen in sonderpädagogischen Einrichtungen, Kindergartengruppen, Projektgruppen). Diese kommen einem offensichtlich vorhandenen Bedürfnis der Zielgruppen und Mitarbeitern nach übersichtlichen Gestaltungs- und Lebensräumen entgegen. Seit einigen Jahren wurden Beratungs- und Weiterbildungskonzepte zur Begleitung von Gruppenlernprozessen in Arbeitsfeldern entwickelt, welche die Effektivität und Effizienz der Gruppen erhöhen sollen. Diese Beratungs- und Bildungsansätze dienen der Teamentwicklung und fördern Gruppenlernprozesse. Diese folgen nach dem Grundmuster sozialer Systeme, das auf Kurt Lewin zurückgeht.

Phase	Sachebene Gruppenaufgabe	Interaktionsebene Soziales Miteinander
1. Orientierung	Erwartungen klären, Aufgaben erfassen und verteilen, gemeinsame Ziele entwickeln	eigene Rolle finden, gegenseitiges Beschnuppern
2. Konfrontation	Unterschiede in dem persönlichen Arbeitsstil der Mitarbeiter werden deutlich, bringen Störungen hervor	Verteidigung von Positionen (Hackordnung), Polarisation und Cliquenbildung, Konflikte um Stilfragen
3. Kooperation	offener Austausch von Informationen, Spielregeln für die Arbeit, Entwickeln von Standards	Wertschätzung und Akzeptanz untereinander, „Unterschiede sind ok“, echtes Zugehörigkeitsgefühl
4. Integration und Wachstum	hoher Selbststeuerungsgrad, kreative Ideen, kontinuierliche Arbeit an der Qualität der Arbeit	offenes Feedback, hohe Teamidentifikation

Abbildung 25: Phasen der Teamentwicklung

In jeder Gruppe besteht ein natürlicher Zwang zur Auseinandersetzung mit anderen Ideen, Ansichten und Erfahrungen. Die gegenseitige Verpflichtung zur Zusammenarbeit und Kooperation ist für jede Gruppe überlebenswichtig. Diese Situation ist für alle Beteiligte im Sinne der gestellten Aufgabe der Gruppe nur dann von Gewinn, wenn es gelingt, die gemeinsamen Werte und Regeln über die persönlichen Vorlieben und individuellen Verhaltensmuster zu stellen.

4.1.3 Organisationales Lernen

Unter organisationalem Lernen versteht man die Schaffung und Weiterentwicklung der Rahmenbedingungen und der Dynamiken, die individuelles Lernen und Teamentwicklung zur Erfüllung der gestellten Aufgaben ermöglichen.

Es umfasst den Erwerb des gesamten individuellen und kollektiven Wissens zum Nutzen aller und der Organisation.
Natürlich verändern sich Organisationen mit den Menschen, die dort beschäftigt sind, versetzt werden oder aus irgendwelchen Gründen aus dem Dienst ausscheiden. Zudem verändert sich eine Organisation mit den Aufgaben, die sich wandeln und diese dadurch wiederum die Organisation verwandeln.
Seit den 50er Jahren forscht die neuere Sozialwissenschaft nach Gesetzmäßigkeiten in den Veränderungsprozessen von Organisationen.
Sie spricht vergleichbar mit individuellen Veränderungsprozessen von einer Art „Lernen“. Nach ihren Erkenntnissen sind Organisationen einer ständigen Veränderung unterworfen, da

sich die „Wissensbasis" jeden Tag auf unterschiedlichen Ebenen verändert. Neue Informationen oder Erfahrungen der Mitglieder einer Organisation bestätigen entweder bestimmte Verhaltensmuster oder führen zu neuen Abläufen.

Beispiel:

Eine langjährige Mitarbeiterin in einem Kindergarten verlässt das Team und geht in den Ruhestand. Für sie wird eine junge Erzieherin mit 7 Jahren Berufserfahrung eingestellt. Sie wird zunächst die Arbeitsweise ihrer Kollegin nicht sofort ändern, dennoch Schritt für Schritt andere Akzente setzen.

Das Team der Kindertagesstätte wird sich mit der neuen Kollegin verändern, schon allein dadurch, dass mit ihr neue Erfahrungen, Arbeitsweisen und Umgangsstile einziehen.

Die Sozialwissenschaft geht davon aus, dass Organisationen zwar keine Gehirne besitzen, wie es für Lebewesen zutrifft, sie jedoch über eine Art kognitives System verfügen. In jeder Organisation gibt es formale Regeln, Absprachen, Verfahrensbeschreibungen und praktizierte Handlungsmuster. Diese können voneinander abweichen, wobei die tatsächlich gelebten, in der Interaktion der Mitglieder entwickelten Handlungsmuster sich als wirksamer erweisen.

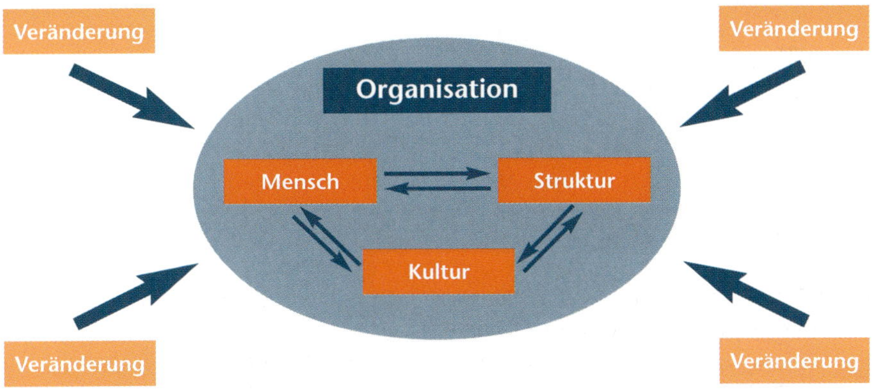

Abbildung 26: Organisationen in Veränderung

Bezogen auf das Beispiel existieren meist nur grobe formale Vorgaben, welche die Einarbeitung neuer Mitarbeiter betreffen. Ob die Einarbeitung gelingt, hängt oft tatsächlich nicht nur von den formalen Vorgaben (= Einarbeitungsplan) ab, sondern auch davon, ob die handelnden Personen sich individuell (individuelles Lernen) und als Gruppe (Teamentwicklung) auf die veränderte Situation (neue Leiterin) einlassen und diese gestalten können.

4.2 Lernebenen in Organisationen

Bei näherer Betrachtung von Veränderungsprozessen in Organisationen stellt sich die Frage nach den Gesetzmäßigkeiten. In einem ersten Schritt wurde versucht, das Lernen in Organisationen von den genannten Sozialformen her zu umschreiben. In einem nächsten Schritt soll es nun um die in Organisationen vorhandenen Lernprozesse selbst gehen. Die Sozialwissenschaft geht von einem Stufenmodell aus und spricht in diesem Zusammenhang von Lernebenen oder Lernniveaus.

4.2.1 Anpassungslernen (Single-Loop-Learning)

Unter Anpassungslernen im Sinne von organisationalen Veränderungen versteht man die Anpassung an das Verhalten oder an veränderte Rahmenbedingungen auf Grund von externen Einflüssen.

Dabei geht es um die Umsetzung eines einfachen Reiz-Reaktions-Musters. Der Reiz stellt eine Abweichung von einem gesetzten Ziel dar, die Reaktion ist die Anpassung des Verhaltens oder der Bedingungen an die einmal getroffene Zielvereinbarung. Die Diskrepanz zwischen Ziel und Ergebnis wird durch eine Korrektur des Prozessgeschehens ausgeglichen. Das angestrebte Ziel selbst steht nicht in Frage.

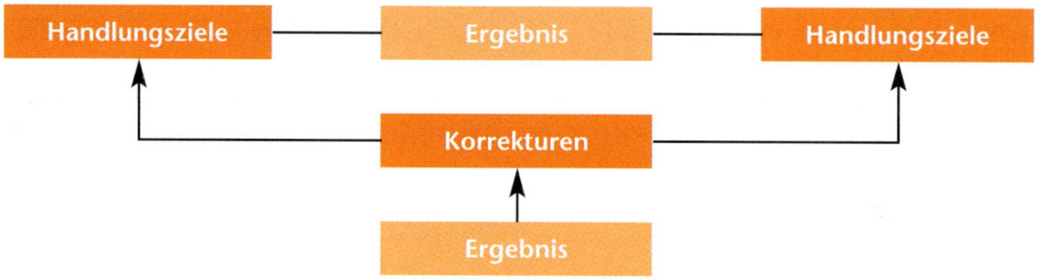

Abbildung 27: Anpassungslernen

Diese Lernebene bezieht sich auf viele Alltagstätigkeiten, in denen einfache Anpassungen die Funktionalität der einzelnen Abläufe garantieren. Durch einfache Fehlerkorrekturen werden Handlungsabläufe wieder hergestellt.

Beispiel 1:

Die Kindertagesstätte Sonnenschein veranstaltet wie in jedem Jahr ein Frühlingsfest für die gesamten Familien. Bedingt durch Personalmangel und interne Umstrukturierungen konnte das diesjährige Fest nicht wie gewohnt vorbereitet werden. So wurden die Einladungen zu spät fertig gestellt und an die Familien, Nachbarn und Freunde der Einrichtung verteilt. In der Auswertung nach der Veranstaltung beschweren sich einige Eltern über das verspätete Erscheinen der Einladung und über die gesamte Informationspolitik des hauptamtlichen Personals.
Die Anpassung könnte darin bestehen, dass die Planung im nächsten Jahr frühzeitiger beginnt und vor allem Wert auf den rechtzeitigen Versand der Einladung gelegt wird.

Beispiel 2:

Der Besuch von Elternabenden in der Kindertagesstätte Sonnenschein hat in den letzten Jahren stark abgenommen. Das Team der Kindertagesstätte ermittelt über eine Umfrage mögliche Themen, welche die Eltern interessieren könnten. Außerdem werden bekannte Referenten eingeladen, um die Aufmerksamkeit der Eltern auf den Elternabend zu richten. Kurz vor dem Termin sprechen die Kolleginnen alle Eltern an und verweisen auf die (vermeintlich) gemeinsam geplante Veranstaltung.
Die Anpassung erfolgt in der verstärkten Anstrengung bzgl. der Öffentlichkeitsarbeit für die geplanten Elternabende.

4.2.2 Veränderungslernen (Double-Loop-Learning)

Auf dieser Lernebene werden neben den vereinbarten Zielen die dem Handeln zu Grunde liegenden Werte und Normen hinterfragt und evtl. neu ausgerichtet.

Das Veränderungslernen überprüft die Tauglichkeit der Abläufe und Prozesse hinsichtlich ihrer zugrunde liegenden Annahmen und modifiziert diese, wenn sie nicht mehr mit den Anforderungen übereinstimmen.

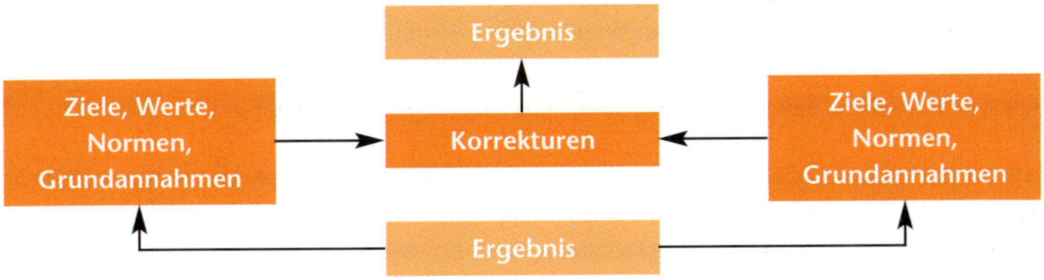

Abbildung 28: Veränderungslernen

Veränderungslernen setzt eine genaue und systematische Beobachtung und Untersuchung der einzelnen Bedingungsfaktoren einer Situation oder eines Verhaltens voraus. Der entscheidende Unterschied zum Anpassungslernen besteht jedoch darin, dass hier die Ziele selbst und die dahinter liegenden Werte und Grundüberzeugungen thematisiert und gegebenenfalls verändert werden.

Beispiel 1:

Situation aus Beispiel 1 siehe Anpassungslernen

Auf der Ebene des Veränderungslernens könnte das Team der Kindertagesstätte Sonnenschein gemeinsam mit den Verantwortlichen des Trägervereins und den Elternvertretern die Auswertung des Frühlingsfestes zum Anlass zu einer umfassenden Betrachtung der Zusammenarbeit mit den Eltern nehmen. Voraussetzung: Die Beschwerde der Eltern ist mit einer einfachen Handlungsanpassung (frühzeitiger Versand der Einladung bei ausreichendem Personal) nicht aufgehoben und wird von den Eltern auch auf andere Situationen übertragen.

In der darauf folgenden Diskussion geht es um die Bedeutung des Frühlingsfestes aus der Sicht des Trägers, aus dem Blickwinkel der Eltern und aus der Perspektive des Personals. Die jeweiligen Ziele und Interessen werden ausgetauscht und auf ihre Gemeinsamkeiten hin untersucht. Dabei stellt sich in diesem Beispiel heraus, dass die offensichtliche Unzufriedenheit der Eltern sich weniger auf die tatsächliche Organisation des Frühlingsfestes bezieht, sondern generell ein Ausdruck ist für die von Seiten der Eltern empfundene geringe Bereitschaft des Personals zur Zusammenarbeit. In mehreren Gesprächen wird zum Teil mit Hilfe eines externen Moderators die Bedeutung der Kooperation mit den Eltern neu benannt und konkretisiert. Die einzelnen Interessensgruppen (Träger, Eltern, Personal) werten die stattgefundenen Gespräche als Bereicherung, da die Zusammenarbeit zwischen Eltern und Mitarbeiter jetzt verstärkt wahrgenommen und z.B. in regelmäßigen gemeinsamen Konzeptionstagen umgesetzt wird.

Das Veränderungslernen in diesem Beispiel vollzog sich einerseits in der differenzierten Analyse der Bedingungen einer Situation und andererseits in der veränderten und spürbaren Wertigkeit der Kooperation zwischen Eltern und Mitarbeiter.

Beispiel 2:

Situation aus dem Beispiel 2 siehe Anpassungslernen

Auch hier werden die zugrunde liegenden Werte, Grundannahmen und Ziele untersucht, ohne dass zugleich eine neue Lösung zur Steigerung der Attraktivität der Elternabende angestrebt wird. Stattdessen werden die Ziele, die mit der Gestaltung von Elternabenden verbunden werden, identifiziert und in Gesprächen mit der betreffenden Zielgruppe ausgetauscht. Das Ziel „Attraktive Gestaltung der Elternabende" wird aufgegeben. Tatsächlich besteht der Bedarf von Seiten der Eltern nach thematischen Elternabenden nicht mehr, wenn gleich die Unterstützung der Eltern in erzieherischen Fragen durch die hauptamtlichen Mitarbeiter der Kindertagesstätte eingefordert wird. Der Bedarf an Beratung und Unterstützung in erzieherischen Fragen wird im Sinne einer „Erziehungspartnerschaft" neu definiert und ausgerichtet.

Veränderungslernen vollzieht sich hier in der Neudefinition der Ziele in der Unterstützung der Eltern in ihrer Wahrnehmung der erzieherischen Verantwortung. Die neu erarbeiteten Ziele orientierten sich stärker an dem Bedarf und an dem Auftrag „Beratung" als an dem angenommenen Bedarf „Bildung". Damit wurde eine Neuausrichtung der Grundannahmen und der Zielrichtungen vorgenommen.

4.2.3 Prozesslernen (Deutero-Learning)

Der Begriff „Prozesslernen" in Organisationen hat in individuellen Lernprozessen seine Entsprechung im dort verwendeten Begriff „Lernmethodische Kompetenzen".

Es wird in beiden Lernkontexten die Fähigkeit beschrieben, das eigene Lernen zu erfassen und zu verbessern. Prozesslernen in Organisationen drückt die Fähigkeit ihrer Mitglieder aus, die eigenen Lernprozesse (Anpassungs- oder Veränderungslernen) im Hinblick auf neu zu entwickelnde Lernstrategien zu nutzen.
In der Reflexion der eigenen „Aha-Erlebnisse" und der Ablaufmuster entsteht eine Art Erfahrungswissen im Umgang mit einem Veränderungsbedarf innerhalb der Organisation.

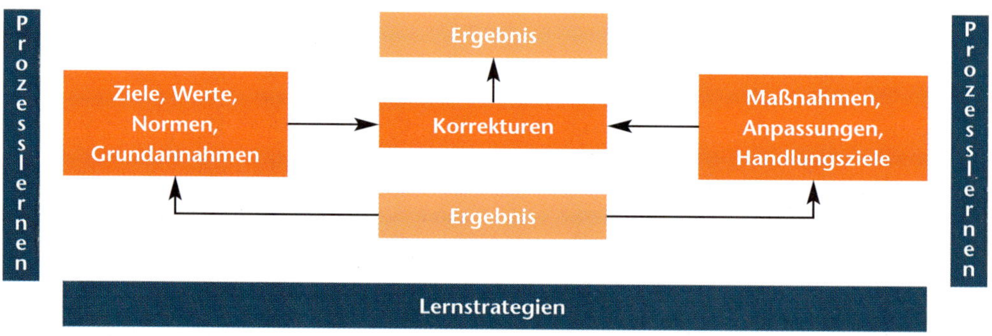

Abbildung 29: Prozesslernen

Prozesslernen verändert nicht nur Ziele, Strukturen und Abläufe, sondern die gesamte Organisationskultur im Umgang mit sich verändernden Bedingungen.

Beispiel:

Situation aus den Beispielen Anpassungs- und Veränderungslernen

In einem Supervisionsprozess hat das Team der Kindertagesstätte „Sonnenschein" die jeweiligen Anpassungs- und Veränderungsprozesse in der Kooperation mit den Eltern reflektiert. Die Mitarbeiter stellten fest, dass sie bei „atmosphärischen Störungen" im Umgang mit Eltern in den letzten Monaten einerseits mit Rückzug und andererseits mit Aktionismus reagierten. Der Rückzug

verstärkte die gegnerschaftlich angelegten Gruppierungen unzufriedener Eltern auf der einen Seite und gekränkte Mitarbeiter auf der anderen. Hektisch initiierte Angebote sollten die grundsätzliche Bereitschaft signalisieren, dass Kooperation im Sinne der Kinder gewünscht wird.
In dem ernsthaften Bemühen um die Einordnung der Geschehnisse erkennt das Team Handlungsmuster, die das konkrete Verhalten der einzelnen Akteure beeinflussen. Auf der Ebene des Prozesslernens verändern sich Einstellungen und Wahrnehmungsmuster von sozialen Phänomen. Prozesslernen benötigt einen eigenen Rahmen, der den Beteiligten erlaubt, sich intensiv mit den einzelnen Aspekten zu befassen. In der Regel sind dazu die Instrumente der Personalentwicklung, die an anderer Stelle noch dargestellt werden, hilfreich: Kollegiale Beratung, Supervision oder Coaching.

4.3 Konzept der lernenden Organisation nach Peter Senge

Der Begriff „lernende Organisation" geht zurück auf Peter Senge, dem Direktor des MIT Sloan School of Management, USA. Er veröffentlichte 1996 sein Buch „Die fünfte Disziplin" (Senge, 1996).

Seither wird der Begriff häufig verwendet, ohne dass er genau definiert wird. Senge spricht von „Lernenden Organisationen" eher im Sinne von Modellen oder Entwürfen als von klaren Strukturen einer Organisation. Lernende Organisationen sind für ihn auch nicht an der Menge der Zertifikate der Mitarbeiter zu erkennen.

Für Peter Senge ist eine Organisation dann eine lernende Organisation, wenn sie kontinuierlich ihre Problemlösekompetenzen mit hohen Anteilen an Veränderungs- und Prozesslernstrategien entwickelt.

Kennzeichen einer lernenden Organisation nach Peter Senge – die fünf Disziplinen einer lernenden Organisation[8]:

Systemdenken

Systemdenken steht für die Fähigkeit, Zusammenhänge herzustellen zwischen dem Einzelnen und dem Ganzen, zwischen einer konkreten Situation und den Rahmenbedingungen, den im Hintergrund wirkenden Werten und Normen.

Eine Situation oder ein Verhalten nur aus einem Blickwinkel der Ursachenforschung zu sehen, führt häufig zu Anpassungslernen. Komplexere Zusammenhänge erschließen sich dadurch nicht. Erst wenn möglichst alle Aspekte auf der Handlungs- und auf der Werteebene berücksichtigt werden, können neue kreative Lösungen gefunden werden.

Beispiel:

Die Kritik von Eltern wegen fehlender Information bzgl. des geplanten Spielfestes führt zu Verärgerungen und Kränkungen bei den Mitarbeiterinnen.
Die systemische Perspektive hilft zur Reflexion der scheinbar automatischen Vorgänge „Kritik – Kränkung – Verteidigung/Rechtfertigung" und schafft neue Lösungsperspektiven.

---

[8] *Senge, 1996, S. 452 ff*

Personal Mastery

Mit Personal Mastery ist der Grad der Fähigkeit des Einzelnen gemeint, sich weiter zu entwickeln und lebenslang Neues zu lernen.

Dies setzt bei der Bereitschaft an, sein eigenes Verhalten, Beweggründe und Muster zu überprüfen und zu reflektieren. Die rasante Entwicklung des verfügbaren Fachwissens erfordert immer stärker von den Mitarbeitern eine Art Selbstlernkompetenz. Dabei geht es weniger um den Besuch von Seminaren und Fortbildungsveranstaltungen als vielmehr um Lernprozesse in alltäglichen Aufgabenstellungen.

Personal Mastery beim Einzelnen kann durch die Organisation gefördert werden, indem sie die Identifikation mit der Organisation unterstützt, den Mitarbeitern Wertschätzung entgegengebracht wird und Perspektiven in einer gezielten Personalentwicklung eröffnet werden.

Nur wenn sich die Mitarbeiter einer Organisation persönlich selbst weiter entwickeln und dies von der Institution aktiv und wertschätzend gefördert wird, kann sich die Organisation im Kern immer weiter im Sinne der gestellten Aufgaben verändern.

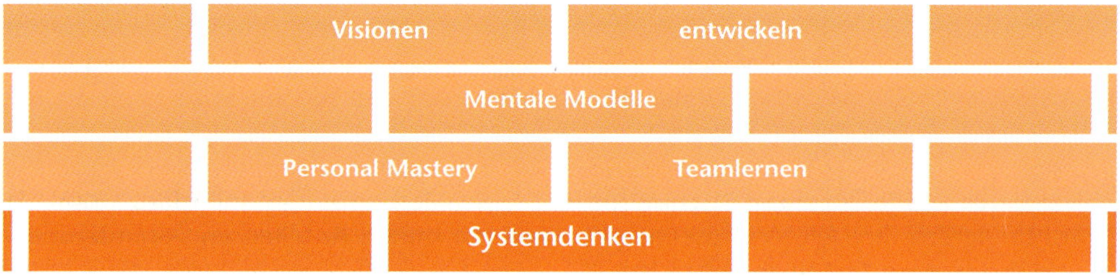

Abbildung 30: Fünf Disziplinen einer lernenden Organsation

Mentale Modelle

Mentale Modelle sind tief verwurzelte Annahmen über die Grundbefindlichkeit eines Einzelnen oder einer Organisation in einem bestimmten Kontext.

Sie sind in der Regel nicht bewusst und wirken dennoch mittelbar auf die Wahrnehmung und Entscheidung des Einzelnen und der Organisation ein. Sie geben eine sozial-emotionale Befindlichkeit in einem System wieder und spiegeln vielfältige Facetten zwischen den beiden Polen „Angst“ und „Vertrauen“.

Beispiel:

Eine Führungskraft, Frau Maria M., beschwert sich über ihre Mitarbeiter bzgl. ihrer Motivation und ihrer mangelnden Beteiligungen bei gemeinsamen Aktionen. Sie fühle sich oft allein gelassen und zu wenig unterstützt. Die Mitarbeiter würden nur Interesse für ihren eigenen abgegrenzten Bereich zeigen. Der Blick auf die gesamte Einrichtung fehle bei vielen Kollegen.

Zum Verständnis dieser Situation muss berücksichtigt werden, dass Frau M. erst zwei Jahre die Leitungsfunktion inne hat und einen hohen Leistungsdruck verspürt. Ihre Bereitschaft, sich für die Einrichtung über das normale Maß hinaus zu engagieren, wird durch eine positive Entwicklung und zahlreiche Erfolgserlebnisse immer wieder bestätigt.

Unbewusst sendet sie durch ihr gesteigertes Engagement Signale aus, die bei den Mitarbeiterinnen wie eine Art Misstrauen in ihre eigenen Fähigkeiten ankommen.

Verkürzt ausgedrückt, spielt in diesem Fall „Angst vor Versagen oder Leistungserwartungen nicht zu entsprechen" mental eine dominante Rolle. Für Peter Senge findet Lernen in einer Organisation statt, wenn die mentalen Modelle „Wertschätzung", „Feedbackkultur" und „gemeinsame Ziele anstreben" in einem System hervorstechen.

Teamlernen

Teams sind die Keimzellen für Lernen und Entwicklung in einer lernenden Organisation.

Sie können jedoch nur ihre volle Kraft entfalten, wenn ihnen Vertrauen entgegen gebracht wird, das sich in Verantwortung und Entscheidungskompetenzen ausdrückt. Die Verantwortung für die konkrete Umsetzung gemeinsamer Ziele muss per Delegation auf das jeweilige Team übertragen werden. Eine starre hierarchische Struktur von „oben nach unten" ist eher hinderlich. Teams entfalten ihre kreative Wirkung, wenn sie teilautonom sich selbst organisieren können und dennoch eingebunden in ein größeres System sind.

Gemeinsame Vision

Visionen sind zunächst individuelle Bilder von weit entfernten Zuständen jedes Einzelnen, die manchmal nur bruchstückhaft auszudrücken sind.

Im Dialog mit anderen Menschen werden sie greifbarer und gewinnen an Schärfe. Gemeinsam eine Vision entwickeln, bedeutet zunächst, die vorhandenen Bilder freizulegen und für sie eine verbindliche Sprache zu finden.
Jede Organisation benötigt, wenn sie Bestand und Zukunft hat, eine gemeinsame Klammer: gemeinsame Ziele und Visionen. Je offener diese Ziele und Visionen benannt und in konkrete Schritte umgesetzt werden, desto klarer können ihre Wirkungen im Sinne einer lernenden Organisation gesteuert werden.

Für Peter Senge sind die genannten Bausteine Elemente einer Vision, die er „Lernende Organisation" nennt: „Eine lernende Organisation ist eine Gruppe von Menschen, die einander brauchen, um etwas zu erreichen, und die im Laufe der Zeit kontinuierlich ihre Fähigkeiten ausweiten, das zu erreichen, was sie wirklich anstreben" (Senge, 1996, S. 500).

4.4 Aufgaben für die vertiefende Einzel- und Gruppenarbeit

1. Frau Müller, eine Mitarbeiterin der Kindertagesstätte „Sonnenschein", berichtet in einer Teamsitzung ihren Kollegen und Kolleginnen von ihrer letzten Fortbildung mit dem Thema „Projektarbeit mit Kindern". In dieser Fortbildung wurden neue Methoden und Techniken in der Arbeit mit Kindern vermittelt. Frau Müller steht immer noch unter einem sehr positiven Eindruck dieser Fortbildung und möchte gerne ihre Begeisterung für die neuen Methoden, die sie kennen gelernt hat, weitergeben.
   Nach einigen Minuten stellt sie fest, dass ihre Kollegen zwar höflich zuhören, aber ihre Begeisterung nicht teilen. Stattdessen werden schnell Bedenken geäußert bzgl. der zu erwartenden Veränderungen in dem Ablauf der Kindertagesstätte.

   Erklären Sie an Hand der unter 4.1 vorgestellten Lerntheorien diesen Verlauf der Teamsitzung. Unter welchen Voraussetzungen könnte das Team von den Erfahrungen und neuen Erkenntnissen der Kollegin profitieren?

2. Untersuchen Sie mit Hilfe der 5 Disziplinen nach Peter Senge die Lernkultur Ihrer Organisation und halten Sie Ihre Untersuchungsergebnisse schriftlich an konkreten Beispielen fest.

3. Unterstellen wir, dass Sie in der Leitungsposition Ihrer Organisation wären. Welche Strategien würden Sie „in Richtung Lernende Organisation" entwickeln? Formulieren Sie diese Strategien in einem Schaubild (evtl. Mindmapping).

Im Modul 3 des Lernprogramms finden Sie weitere Aufgaben, mithilfe derer Sie den Lerninhalt vertiefen können.

Im § 2 AGG wird der Anwendungsbereich des Gesetzes definiert. Hier wird deutlich, dass vor allem der arbeits- und personalrechtliche Bereich von dem Gesetz berührt wird. Es darf z. B. niemand in Personalauswahlverfahren aus Gründen seiner Behinderung, seines Alters, seines Geschlechtes, Religion oder Weltanschauung, Behinderung oder sexuellen Identität benachteiligt werden.
Klagt ein Arbeitnehmer auf Verletzung der Gleichbehandlung, so liegt die Beweislast beim Arbeitgeber. Daher raten kompetente Stellen allen Arbeitgebern, sich mit dem Gleichbehandlungsgesetz und seinen Folgen auseinander zu setzen und ein Konzept zur Vorbeugung von Ungleichbehandlung nach dem Gesetz zu erstellen.

Berufsbildungsgesetz (BBiG)

In diesem Gesetz sind die Berufsvorbereitung, die Berufsausbildung, die Fortbildung und die Umschulung von Mitarbeitern grundsätzlich geregelt.

§ 1 BBIG Ziele und Begriffe der Berufsbildung
(1) Berufsbildung im Sinne dieses Gesetzes sind die Berufsausbildungsvorbereitung, die Berufsausbildung, die berufliche Fortbildung und die berufliche Umschulung.
(2) Die Berufsausbildungsvorbereitung dient dem Ziel, durch die Vermittlung von Grundlagen für den Erwerb beruflicher Handlungsfähigkeit an eine Berufsausbildung in einem anerkannten Ausbildungsberuf heranzuführen.

Nach dem BBiG haben Arbeitgeber wie Arbeitnehmer gleichermaßen eine hohe Verantwortung für die Qualifizierung ihrer Tätigkeit. Nähere Regelungen ergeben sich aus den Ausbildungsverordnungen, den einzelnen Tarifverträgen der jeweiligen Branchen und aus den in einigen Ländern existierenden Bildungsurlaubsgesetzen.

Jugendarbeitsschutzgesetz (JArbSchG)

Das Jugendarbeitsschutzgesetz ist vor allem für die Beschäftigung von Praktikanten unter 18 Jahren von Bedeutung.

§ 8 JArbSchG Dauer der Arbeitszeit
(1) Jugendliche dürfen nicht mehr als acht Stunden täglich und nicht mehr als 40 Stunden wöchentlich beschäftigt werden.
(2) Wenn in Verbindung mit Feiertagen an Werktagen nicht gearbeitet wird, damit die Beschäftigten eine längere zusammenhängende Freizeit haben, so darf die ausfallende Arbeitszeit auf die Werktage von fünf zusammenhängenden, die Ausfalltage einschließenden Wochen nur dergestalt verteilt werden, dass die Wochenarbeitszeit im Durchschnitt dieser fünf Wochen 40 Stunden nicht überschreitet. Die tägliche Arbeitszeit darf hierbei achteinhalb Stunden nicht überschreiten.
(2a) Wenn an einzelnen Werktagen die Arbeitszeit auf weniger als acht Stunden verkürzt ist, können Jugendliche an den übrigen Werktagen derselben Woche achteinhalb Stunden beschäftigt werden.

Die hier aufgeführten Gesetze sind die zentralen Rechtsgrundlagen im individuellen Arbeitsrecht, die für sozialpädagogische Fachkräfte relevant sind.

5.1.2 Kollektives Arbeitsrecht

Neben dem individuellen Arbeitsrecht, welches das Rechtsverhältnis zwischen dem einzelnen Mitarbeiter und dem Arbeitgeber regelt, bezieht sich das kollektive Arbeitsrecht auf das Rechtsverhältnis zwischen den Mitarbeitern insgesamt und dem jeweiligen Arbeitgeber. Die Grundlagen dazu findet man in dem Betriebsverfassungsgesetz (BetrVG) bzw. den Arbeitsvertragsrichtlinien und in den Tarifverträgen der Tarifvertragsparteien.

5.1.2.1 Betriebsverfassungsgesetz und Arbeitsvertragsrichtlinien

§

Jede Organisation benötigt eine rechtsverbindliche Grundordnung, welche die Zusammenarbeit der einzelnen Teile regelt. Wenn Organisationen als Arbeitgeber fungieren, muss das Rechtsverhältnis zwischen Arbeitgeber und Arbeitnehmer über die einzelne Organisation hinaus geordnet werden. Der Gesetzgeber hat dazu im Jahr 1952 das Betriebsverfassungsgesetz (BetrVG) geschaffen, das seither den jeweiligen Entwicklungen angepasst wird.

§

§ 1 BetrVG Errichtung von Betriebsräten
(1) In Betrieben mit in der Regel mindestens fünf ständigen wahlberechtigten Arbeitnehmern, von denen drei wählbar sind, werden Betriebsräte gewählt. Dies gilt auch für gemeinsame Betriebe mehrerer Unternehmen.

Das Betriebsverfassungsgesetz ermöglicht die Mitbestimmung und Mitwirkung der Arbeitnehmer und deren Interessenvertretung in Form von Betriebsräten.
In Fragen der Arbeitsgestaltung, der Unternehmens- und Personalentwicklung sowie der Leistungsbeurteilung sind die einzelnen Mitbestimmungs- und Mitwirkungsrechte benannt. Mitarbeiter können z. B. nach § 82 Abs. 2 eine gemeinsame Erörterung zwischen Arbeitgeber und Arbeitnehmer über die berufliche Entwicklung des Beschäftigten verlangen und entsprechende Fort- und Weiterbildungsmaßnahmen einfordern (§ 96).

Es gilt zunächst nur für privatwirtschaftlich organisierte Unternehmen und findet im öffentlichen Dienst keine Anwendung (§ 118). Es stellt aber die Grundlage für das Personalvertretungsgesetz (PersVG) des öffentlichen Dienstes und für die Arbeitsvertragsrichtlinien freier Träger dar.

Personalvertretungsgesetz (PersVG) des Bundes und der Länder

Das Personalvertretungsgesetz ist bzgl. der Mitwirkung und Mitbestimmung der Beschäftigten und der Personalvertretungen im öffentlichen Dienst mit dem Betriebsverfassungsgesetz im Wesentlichen vergleichbar. Es gilt für alle Beamte und Angestellten sowie für Auszubildende und Praktikanten der jeweiligen Dienststellen.
Aufgrund der föderalen Struktur der Bundesrepublik Deutschland und der im Rahmen der Verfassung ermöglichten Eigenständigkeit der Länder besitzt der Bund und die jeweiligen Länder eigene Personalvertretungsgesetze.

Mitarbeitervertretungsgesetz und Mitarbeitervertretungsordnung (MAVO) der Kirchen

Bereits in Art. 137 der Weimarer Reichsverfassung von 1919 wurde den Religionsgemeinschaften das Selbstbestimmungsrecht gewährt, welches das Grundgesetz der Bundesrepublik Deutschland im Art. 140 GG übernommen hat. Dies ermöglicht den Kirchen und seinen Untergliederungen ein eigenes Arbeitsrecht. Dabei kann jede Landeskirche der Evangelischen Kirchen Deutschlands (EKD) entsprechende Richtlinien erlassen. Diözesen der Katholischen Kirche haben sich regional zusammengeschlossen und gemeinsame Arbeitsvertragsrichtlinien verabschiedet.
Diese werden z. B. in den katholischen Organen Mitarbeitervertretungsordnungen (MAVO) genannt. Sie gelten für alle kirchlichen Mitarbeiter, also auch für Beschäftigte von Kindertagesstätten von kirchlichen Trägern.

5.1.2.2 Tarifpartner und Tarifverträge

Das Grundgesetz der Bundesrepublik Deutschland ermöglicht Arbeitgeber und Arbeitnehmer sich zu Verbänden bzw. Gewerkschaften zusammenzuschließen, um die jeweils eigenen Interessen besser vertreten zu können. §

Art. 9 GG §
(1) Alle Deutschen haben das Recht, Vereine und Gesellschaften zu bilden.
... (3) Das Recht, zur Wahrung und Förderung der Arbeits- und Wirtschaftsbedingungen Vereinigungen zu bilden, ist für jedermann und für alle Berufe gewährleistet. Abreden, die dieses Recht einschränken oder zu behindern suchen, sind nichtig, hierauf gerichtete Maßnahmen sind rechtswidrig. Maßnahmen nach den Artikeln 12a, 35 Abs. 2 und 3, Artikel 87a Abs. 4 und Artikel 91 dürfen sich nicht gegen Arbeitskämpfe richten, die zur Wahrung und Förderung der Arbeits- und Wirtschaftsbedingungen von Vereinigungen im Sinne des Satzes 1 geführt werden.

Dabei geht das Grundgesetz vom Gedanken der Sozialpartnerschaft aus und berechtigt die Tarifparteien zur weitgehend autonomen Gestaltung der Arbeits- und Wirtschaftsbeziehungen in den einzelnen Branchen. Der Staat überträgt den Tarifparteien die Ausgestaltung konkreter Rahmenbedingungen in Tarifbranchen und -gebieten (Tarifautonomie).

Im Tarifvertragsgesetz (TVG) werden die Arbeitgeberverbände auf der einen und Gewerkschaften auf der anderen Seite berechtigt, Tarifverträge über konkrete Arbeitsbedingungen abzuschließen.

§ 2 TVG Tarifvertragsparteien §
(1) Tarifvertragsparteien sind Gewerkschaften, einzelne Arbeitgeber sowie Vereinigungen von Arbeitgebern.
(2) Zusammenschlüsse von Gewerkschaften und von Vereinigungen von Arbeitgebern (Spitzenorganisationen) können im Namen der ihnen angeschlossenen Verbände Tarifverträge abschließen, wenn sie eine entsprechende Vollmacht haben.
(3) Spitzenorganisationen können selbst Parteien eines Tarifvertrags sein, wenn der Abschluss von Tarifverträgen zu ihren satzungsgemäßen Aufgaben gehört.

(4) In den Fällen der Absätze 2 und 3 haften sowohl die Spitzenorganisationen wie die ihnen angeschlossenen Verbände für die Erfüllung der gegenseitigen Verpflichtungen der Tarifvertragsparteien.

Im Öffentlichen Dienst sind die öffentlichen Arbeitgeber von Bund, Länder und Gemeinden (Vereinigung kommunaler Arbeitgeber) auf der einen Seite und die Gewerkschaft ver.di auf der anderen Seite die Tarifpartner.
Tarifverträge sind die konkreten Ergebnisse der Tarifverhandlungen der Tarifparteien. Man unterscheidet zwischen

- Manteltarifverträge, die grundsätzliche Regelungen z. T. abweichend vom BGB bzgl. Kündigungfristen, Arbeitszeiten usw. beschließen,
- Entgelttarifverträge, die spezielle Vereinbarung zu Lohn- und Gehaltstarifen und Sonderzahlungen treffen und
- Flächentarifverträge, die für einzelne Branchen oder Regionen abgeschlossen werden.

Die Inhalte der Tarifverträge können sich auf grundsätzliche Arbeitsbedingungen, Arbeitszeiten, Fort- und Weiterbildung sowie auf Lohn und Gehalt beziehen.
Neben spezifischen Haustarifverträgen einzelner Träger der Wohlfahrtsverbände und Arbeitsvertragsrichtlinien kirchlicher Arbeitgeber sind im sozialen Dienstleistungsbereich der Bundesangestelltentarifvertrag (BAT) und der Tarifvertrag im öffentlichen Dienst (TvöD) bekannt.

Der Tarifvertrag im öffentlichen Dienst (TvöD)

Am 21.10.2005 wurde der Tarifvertrag im öffentlichen Dienst (TvöD) zwischen der Bundesverwaltung und der Vereinigung kommunaler Arbeitgeber (VKA) auf der einen Seite und der Dienstleistungsgewerkschaft ver.di auf der anderen Seite geschlossen. Er gilt für alle Beschäftigten der Bundesverwaltung und der Kommunen. Für Beschäftigte der Länder mit Ausnahme von Hessen und Berlin gilt der am 12.10.2006 geschlossene Tarifvertrag der Länder (TVL), der sich in einigen Punkten (z. B. Wochenarbeitszeit im öffentlichen Dienst) vom TvöD unterscheidet.
Für die Beschäftigte im öffentlichen Dienst ergeben sich grundlegende Änderungen. Die wichtigsten Neuerungen sind hier zusammengefasst:

Vergütung und Entgelt

Die Vergütung im BAT richtete sich nach der Zuordnung in eine Tätigkeitsgruppe, z. B. Erzieherinnen in VIb nach dem Alter der Beschäftigten und nach dem Familienstand.
Im TvöD erfolgt die Zuordnung in sog. Entgeltgruppen (z. B. Erzieherinnen in den Entgeltgruppen 6–8). Innerhalb der Entgeltgruppe gibt es sogenannte Leistungsstufen, in welche die Beschäftigten nach der Dauer der Beschäftigung und nach der Leistung eingeordnet werden. Das Alter und der Familienstand der Beschäftigten wird in der Entgeltberechnung nicht mehr berücksichtigt.

Definition der Beschäftigungszeit

Die im BAT geltende Definition der „Dienstzeit" ist weggefallen. Zur Berechnung der Vergütung, der Kündigungsfristen und der sog. Unkündbarklausel nach 15 Jahren gilt nur noch nach § 34 TvöD die Beschäftigungszeit bei demselben Arbeitgeber.
Das Berufspraktikum im Anerkennungsjahr wird als Beschäftigungszeit anerkannt. Somit steigen angehende Erzieher mit der Entgeltstufe 2 in das Berufsleben ein.

Leistungsbezogenes Entgelt

Der in den Entgeltgruppen veranschlagte Aufstieg erfolgt in den einzelnen Stufen auf der Basis einer durchschnittlichen Arbeitsleistung (§ 15 ff TvöD). Wird diese überschritten, so kann die Verweildauer in einer Stufe verkürzt werden, wird sie deutlich unterschritten, kann auch eine Rückstufung erfolgen. Zusätzlich zum Tabellenentgelt wird ab dem 01.01.2007 ein Leistungsentgelt eingeführt, das variabel und leistungsbezogen ausgezahlt wird. Im Endausbau sollen 8 Prozent aller ausgezahlten Monatsentgelte im Beschäftigungsjahr jährlich als Leistungsprämien ausgeschüttet werden.

Lohnfortzahlung im Krankheitsfall

Wer ohne eigenes Verschulden erkrankt ist und seine Arbeitsleistung nicht erbringen kann, hat Anspruch auf Lohnfortzahlung bis zu 6 Wochen durch den Arbeitgeber (§ 22 TvöD). Danach wird durch den Sozialleistungsträger (Krankenkasse) längstens bis zur 39. Woche seit Beginn der Arbeitsunfähigkeit ein Krankengeld in Höhe von 80 % des Nettoentgeldes gezahlt. Die Differenz zum Nettolohn erstattet der Arbeitgeber bei Vorliegen der gesetzlichen Voraussetzungen nach dem Entgeltfortzahlungsgesetz (EntgFG).

Qualifizierung der Beschäftigten

„Ein hohes Qualifikationsniveau und lebenslanges Lernen liegen im gemeinsamen Interesse" (§ 5 Abs. 1 TvöD). Daraus lässt sich zwar kein individueller Anspruch auf Finanzierung einer Fortbildung ableiten, dennoch werden Beschäftigte und Arbeitgeber zu entsprechenden Maßnahmen, z. B. zur Fortentwicklung der fachlichen, methodischen und sozialen Kompetenzen für die übertragenen Tätigkeiten aufgefordert (Abs. 3).

Kirchliche Organisationen haben sich in Teilen an den Tarifvertrag im öffentlichen Dienst orientiert und ihre eigenen Arbeitsvertragsrichtlinien (AVR) danach ausgerichtet.

5.2 Akteure und Organe im Personalmanagement

5.2.1 Mitarbeiter und Führungskräfte

Das Personalmanagement unterscheidet grundsätzlich unabhängig vom jeweiligen Organisationstyp verschiedene Arten von Mitarbeitern:

Arbeitnehmer, Arbeitnehmerähnliche, Leiharbeiter und Beamte.
Zu Arbeitnehmern zählen Arbeiter z. B. im technischen Dienst einer Gemeinde, Angestellte im Verwaltungs- oder Erziehungsdienst, Auszubildende und Praktikanten.

Arbeitnehmerähnliche Beschäftigungsverhältnisse entstehen z. B. bei der Verpflichtung von Honorarkräften für die Durchführung einer internen Fortbildungsveranstaltung der Mitarbeiter. Leiharbeiter sind in der sozialen Dienstleistungsbranche selten, dennoch scheint der Trend zu diesen Beschäftigungsverhältnissen auch in diesem Tätigkeitsfeld zu steigen. Beamte in sozialen Organisationen sind in kommunalen Körperschaften z. B. in Schulen und Ausbildungsinstitutionen vertreten.

Die Mitarbeiter im Sozial- und Gesundheitswesen sind in der Regel Angestellte im Verwaltungs-, Pflege- oder Erziehungsdienst, Auszubildende oder Praktikanten.
Die arbeitsrechtliche Zuordnung ergibt sich für Mitarbeiter allgemein aus dem Betriebsverfassungsgesetz (BetrVG), dem Personalvertretungsgesetz (BPersVG) und speziell für Mitarbeiter kirchlicher Institutionen aus den jeweiligen Arbeitsvertragsrichtlinien (AVR).

§

Führungskräfte sind in sozialen Einrichtungen Mitarbeiter mit dem formalen Recht, anderen Mitarbeitern Weisungen zu erteilen und deren Leistungen im Sinne des Unternehmens zu bewerten. Dieses formale Recht erhalten sie von dem jeweiligen Träger, der im Sinne des § 315 BGB die Dienst- und Fachaufsicht und damit auch das Weisungsrecht inne hat. Im Arbeitsvertrag der Führungskraft werden die damit verbundenen Aufgaben, Rechte und Pflichten im Sinne des § 611 BGB und in der zuständigen Stellenbeschreibung näher benannt.
In § 5 Abs. 3 BetrVG werden außerdem drei wesentliche Zuständigkeitsbereiche für leitende Angestellte genannt, die nur zum Teil auf soziale Träger anzuwenden sind:

- Leitende Angestellte sind zur selbständigen Einstellung oder Entlassung von Arbeitnehmer berechtigt.
- Sie besitzen die Generalvollmacht für alle betriebswirtschaftlichen Entscheidungen.
- Sie sind in der Ausübung ihrer Tätigkeit ihrem Unternehmen verantwortlich.

In der Führungsstruktur sozialer Träger ergibt sich die Besonderheit, dass Führungskräfte als Leitungen z. B. einer Einrichtung die pädagogische und konzeptionelle Verantwortung tragen, die personalrechtliche Gesamtverantwortung aber in den Händen der juristischen Person nach § 315 BGB liegt. Diese Führungsverantwortung kann in einer kommunalen Kindertagesstätte der Bürgermeister der Gemeinde oder Stadt inne haben, in einer Einrichtung eines freien Trägers ein ehrenamtlicher Vorstand des Trägervereins.

5.2.2 Mitarbeitervertretung und Personalabteilung

Mitarbeiter von Unternehmen und Organisationen mit mehr als 5 Beschäftigten besitzen grundsätzlich das Recht eine eigene Interessenvertretung zu wählen.

Diese Mitarbeitervertretung hat die Aufgabe für den sozialen Schutz der Beschäftigten einzutreten und am Gesamtziel des Unternehmens gestaltend mitzuarbeiten.
Dazu erhalten die Personen der Mitarbeitervertretung das sog. Mitwirkungs- und Mitbestimmungsrecht in Entscheidungen, die ihre Kollegen und Kolleginnen betreffen.

Zu den Mitwirkungsrechten zählen

- das Informationsrecht bei der Personalplanung und Personalentscheidungen,
- das Beratungsrecht, z. B. bei der Personalplanung,
- das Recht auf Einsicht, z. B. in die Personalakten der Mitarbeiter bei Personalbeurteilungen, und
- das Recht auf Anhörungen, z. B. bei geplanten Kündigungen.

Zu den Mitbestimmungsrechten zählen

- das Recht auf Initiative, z. B. bei Stellenausschreibungen oder sozialen Angelegenheiten,
- das Zustimmungs- oder Vetorecht, z. B. in Leistungsbeurteilungsverfahren, und
- das Widerspruchsrecht bei geplanten Maßnahmen oder Entscheidungen der Unternehmensleitung.

Die Grundlagen für eine aktive Mitarbeitervertretung sind im Betriebsverfassungsgesetz (BetrVG) bzw. Bundespersonalvertretungsgesetz (BPersVG) und für kirchliche Mitarbeiter in den jeweiligen Arbeitsvertragsrichtlinien (AVR) enthalten.

Die Personalabteilung in sozialen Institutionen sind je nach Einrichtungsart und -größe innerhalb der Institution oder in Dachverbänden auf regionaler Ebene angesiedelt (z. B. Caritasverband der Diözese XY). Die klassische Aufgabe der Personalabteilungen ist die Personalverwaltung, insbesondere die Gehaltsabrechnung und das Führen der Personalakten. In Einrichtungen von kommunalen Trägern übernehmen dies die angestammten Personalabteilungen der übergeordneten Kommunalverwaltungen (Personalabteilung der Stadtverwaltung). Viele freie Träger sozialer Einrichtungen sind in den genannten regionalen Untergliederungen der Dachverbände zusammengeschlossen, die z. T. die Personalverwaltung übernehmen.

5.3 Aufgaben für die vertiefende Einzel- und Gruppenarbeit

1. Erstellen Sie einen Aufgabenkatalog für eine Mitarbeitervertretung einer sozialen Einrichtung mit ca. 50 Beschäftigten und beziehen Sie sich dabei auf das BetrVG.

2. Der Tarifvertrag im öffentlichen Dienst löste den Bundesangestellten Tarif (BAT) ab. Fassen Sie die wichtigsten Änderungen in den Bereichen Vergütung und Qualifizierung zusammen.

Im Modul 5 des Lernprogramms finden Sie weitere Aufgaben, mithilfe derer Sie den Lerninhalt vertiefen können.

6 Instrumente des Personalmanagements in sozialpädagogischen Einrichtungen

Lernziele:

- Wesentliche Elemente der Personalplanung, Personalführung und Personalentwicklung erfassen.
- Transfer zu eigenen Erfahrungen herstellen und im Kontext unterschiedlicher theoretischer Ansätze reflektieren.

Lernprogramm – Modul 4: In diesem Kapitel beschäftigen Sie sich mit Aufgaben im Zusammenhang mit Personalführung und Personalentwicklung.

6.1 Personalplanung

6.1.1 Rechtliche Aspekte der Personalplanung, Bewerbung und Personalauswahl

Die gesamte Personalbedarfsplanung inklusive der Personalauswahl muss nach transparenten und objektiven Gesichtspunkten erfolgen und darf grundsätzlich nicht gegen das Allgemeine Gleichstellungsgesetz (§ 2 AGG) verstoßen. Dort ist gesetzlich verankert, dass niemand aus Gründen seiner Behinderung, seines Alters, seines Geschlechtes, Religion oder Weltanschauung, Behinderung oder sexuellen Identität benachteiligt werden darf.[9] Die Grundlagen dafür liegen im Grundgesetz (Art. 1 und 2 GG) und in der Beachtung der persönlichen Integrität. Diese Grundsätze sind der rechtliche Maßstab für die Personalplanung, insbesondere in Bewerbungsverfahren.

---

[9] *siehe Kapitel 5.1.1 „Individuelles Arbeitsrecht"*

Dies gilt z.B. für folgende Aspekte im Bewerbungsverfahren:

Bewerbungsunterlagen

Mit den Daten der Bewerber muss der Arbeitgeber sorgsam umgehen und muss die Bestimmungen zum Datenschutz beachten (§§ 27 und 28 BDSG), d.h. die Daten nur zu dem Zwecke der Personalauswahl zu verwenden:

§

§ 28 BDSG
„Das Erheben, Speichern, Verändern oder Übermitteln personenbezogener Daten oder ihre Nutzung als Mittel für die Erfüllung eigener Geschäftszwecke ist zulässig
1. wenn es der Zweckbestimmung eines Vertragsverhältnisses oder vertragsähnlichen Vertrauensverhältnisses mit dem Betroffenen dient,
2. soweit es zur Wahrung berechtigter Interessen der verantwortlichen Stelle erforderlich ist und kein Grund zu der Annahme besteht, dass das schutzwürdige Interesse des Betroffenen an dem Ausschluss der Verarbeitung oder Nutzung überwiegt oder
3. wenn die Daten allgemein zugänglich sind oder die verantwortliche Stelle sie veröffentlichen dürfte, es sei denn, dass das schutzwürdige Interesse des Betroffenen an dem Ausschluss der Verarbeitung oder Nutzung gegenüber dem berechtigten Interesse der verantwortlichen Stelle offensichtlich überwiegt."

§

Erhebung von Gesundheitsdaten im Bewerbungsverfahren

Arbeitgeber wie Arbeitnehmer haben ein berechtigtes Interesse an der Gesundheit der Belegschaft. Daher dürfen im Bewerbungsverfahren ärztliche Untersuchungen nur mit Einwilligung der Betroffenen erhoben werden. Dies wird häufig vorausgesetzt. Somit kann das Ergebnis der Untersuchung dem Arbeitgeber übermittelt werden. Demgegenüber dürfen aber die konkreten Diagnosedaten der Untersuchung nicht weitergegeben werden:

§ 15 Abs. 2 Satz 9 SGB VII
„(2) Soweit die Unfallversicherungsträger Vorschriften nach Absatz 1 Satz 1 Nr. 3 erlassen, können sie zu den dort genannten Zwecken auch die Erhebung, Verarbeitung und Nutzung von folgenden Daten über die untersuchten Personen durch den Unternehmer vorsehen:
......
(9) Datum und Ergebnis der ärztlichen Vorsorgeuntersuchungen; die Übermittlung von Diagnosedaten an den Unternehmer ist nicht zulässig."

§

Wenn es sich bei einem neuen Mitarbeiter um einen Jugendlichen handelt, darf dieser nach § 32 Jugendarbeitsschutzgesetz (JArbSchG v. 12.04.1976, BGBl. I, 965, zuletzt geändert BGBl. I 2000, 1983) nur eingestellt werden, wenn er innerhalb der letzten vierzehn Monate von einem Arzt untersucht worden ist und dem Arbeitgeber eine entsprechende Bescheinigung vorlegt.

Fragestellungen im Bewerbungsgespräch

Fragestellungen in einem Bewerbungsgespräch sind nur zulässig, wenn sie zur Feststellung der persönlichen und fachlichen Eignung des Bewerbers dienen und sich auf die konkreten Tätigkeitsbereiche beziehen. Fragen nach dem Gesundheitszustand oder nach einer Behinderung sind grundsätzlich zulässig. Dennoch habe zukünftige Arbeitnehmer besondere Rechte, wenn genauer nach ihrem Gesundheitszustand gefragt wird, unter Umständen ein „berechtigtes, billigenswertes und schutzwürdiges Interesse" (Bundesarbeitsgericht, BAG NZA 1986, 739; BAG DB 1987, 1049). Dazu zählen z. B. Fragen nach einer Schwangerschaft oder nach einer AIDS-Erkrankung. Insbesondere verstößt die Frage nach der Schwangerschaft im Bewerbungsgespräch nach Auffassung des Bundesarbeitsgerichtes gegen den Art. 6 Abs. 4 GG.

Bei der Ablehnung eines Bewerbers kann der Bewerber nach § 21 AGG innerhalb von zwei Monaten nach Zugang der Ablehnung schriftlich den Vorwurf der Diskriminierung geltend machen. Danach hat er 3 Monate Zeit, Klage einzureichen. Es empfiehlt sich grundsätzlich, ein Jahr noch die Bewerbungsunterlagen und die schriftlichen Ablehnungsbegründungen aufzubewahren.

6.1.2 Planung des Personalbedarfs

Das moderne Personalmanagement sieht seine Aufgabe darin, den Prozess der Einstellung von Mitarbeiter bis zu ihrem Ausscheiden bzw. Wiedereinstieg nach Familienphasen zu begleiten.

In der konkreten Personalplanung geht es zunächst um die Frage, wie viele Mitarbeiter benötigt werden (quantitative Personalplanung) und mit welcher Qualifikation diese ausgestattet sein sollen (qualitative Personalplanung). Danach muss entschieden werden, ob die Personalsuche durch eine interne oder externe Stellenausschreibung erfolgen soll.

Abbildung 31: Personalplanung

Die quantitative Personalplanung

Die quantitative Personalplanung im sozialpädagogischen Arbeitsfeld beschäftigt sich mit der Anzahl der zu besetzenden Stellen. Dabei muss berücksichtigt werden, dass nur wenige Vorgaben und Anhaltspunkte für die Berechnung des erforderlichen Personals für entsprechende Tätigkeiten existieren. Modelle aus dem produzierenden Gewerbe oder aus dem Gesundheitsbereich (z. B. Krankenpflege), in denen die einzelnen Prozessschritte einer Tätigkeit entsprechend dem Arbeits- und Zeitaufwand einzeln kalkuliert werden, sind in pädagogischen Arbeitsfeldern wenig tauglich. Die Erziehung, Bildung und Betreuung von jungen Menschen erfordern ganzheitliche Vorgehensweisen und sind keineswegs in einzelne fest kalkulierbare Arbeitsschritte aufzuteilen.

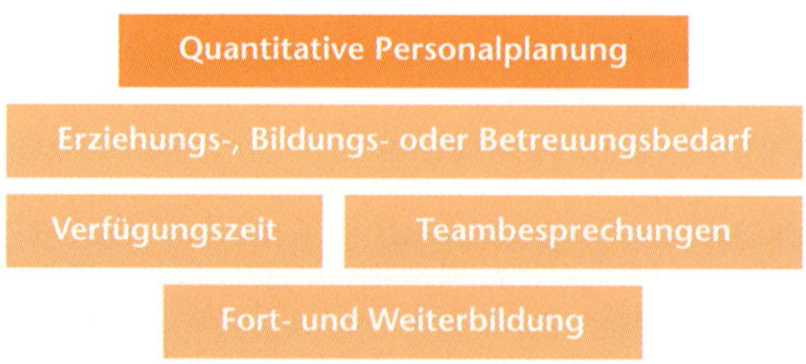

Abbildung 32: Quantitative Personalplanung

Die Berechnung des Personalbedarfs in einer sozialpädagogischen Einrichtung orientiert sich einerseits an den gesetzlichen Vorgaben und andererseits an den konkreten Erfordernissen einer Tätigkeit. Dabei können die gesetzlichen Vorgaben länderspezifisch z. B. in der Frage des Personalschlüssels in Kindertagesstätten von einander abweichen. Deshalb lassen sich keine einheitlichen Kriterien zur Berechnung des quantitativen Personalbedarfs nennen. Dennoch gibt es Anhaltspunkte, die in jeder Personalbedarfsplanung berücksichtigt werden müssen:
Der konkrete Erziehungs-, Bildungs- oder Betreuungsbedarf der zu betreuenden Personen ist abhängig von der Anzahl der betreuten Personen und diese wiederum vom Alter, dem Entwicklungsstand oder einer evtl. Behinderung. Ein angebotsorientiertes Einrichtungskonzept geht von Pauschalzahlen aus, ein nachfrageorientiertes Konzept berücksichtigt die tatsächlichen Bedarfszahlen (siehe Kap. 1.3).
Zusätzlich zu den Bedarfseinheiten „Erziehung, Bildung oder Betreuung" müssen noch weitere Bedarfszahlen gerechnet werden, um den tatsächlichen Personalbedarf ermitteln zu können. Darunter fallen die Verfügungszeit für die Vor- und Nachbereitung von Angeboten, Teambesprechungen und evtl. Leitungsaufgaben, sowie die Zeiten für die Fort- und Weiterbildung. Man geht davon aus, dass eine Erzieherin durchschnittlich 25 Prozent der Jahresarbeitszeit nicht für die konkrete Zielgruppe zur Verfügung steht (vgl. Cramer, 2003, S. 42). Diese Verteilung muss in die quantitative Personalplanung mit einfließen, um bedarfsgerechte Planungsdaten zu erhalten.

Die qualitative Personalplanung

Die qualitative Personalplanung beginnt mit der genauen Stellenbeschreibung der zu besetzenden Personalstelle. Daraus geht detailliert hervor, welche grundsätzlichen und besonderen Anforderungen mit der Tätigkeit verbunden sind. Für das pädagogische Personal in sozialen Einrichtungen existieren genaue gesetzliche Vorgaben über die formalen Qualifikationen, die zukünftige Mitarbeiter mitbringen müssen.

Abbildung 33: Qualitative Personalplanung

Der konkrete Personalbedarf einer spezifischen Tätigkeit lässt sich nur mit einem Soll-Ist-Vergleich zwischen der Stellenbeschreibung und dem Anforderungsprofil einer konkreten Fachkraft ermitteln. Neben den formalen Qualifikationen, die sich mit Hilfe von Bildungsabschlüssen und von Zeugnisnoten ermitteln lassen, sind vor allem fachliche Qualifikationen, Kompetenzen und Erfahrungen von besonderer Bedeutung. Diese zeigen sich z. B. in der individuellen und arbeitsplatzabhängigen Bewertung von Kernkompetenzen, wie sie hier in einem Beispiel aus dem Berufsbild von Erzieherinnen aufgeführt werden:

Stellen- und Anforderungsprofile sind Bestandteile einer systematischen Personalplanung. Diese sollten standardisiert und transparent dargestellt werden, um die Auswahl von Bewerbern zu erleichtern. Außerdem wird die Nachvollziehbarkeit von Entscheidungen, wie sie im Allgemeinen Gleichbehandlungsgesetz (AGG)[10] gefordert wird, dadurch erheblich erleichtert.

Abbildung 34: Kernkompetenzen

Interne oder externe Personalgewinnung

Nachdem das Stellen- und Anforderungsprofil möglichst konkret benannt wurde, muss die Entscheidung getroffen werden, auf welchem Wege das erforderliche Personal gewonnen werden kann. Dazu steht die interne oder externe Personalgewinnung zur Wahl. Zunächst ist zu prüfen, ob die auszuschreibende Stelle mit einer internen Fachkraft besetzt werden kann. Für die Besetzung einer Stelle mit einer Kollegin oder einem Kollegen sprechen die vorhandenen Betriebskenntnisse, die evtl. eine Einarbeitungszeit erheblich verkürzen. Der Vorteil einer externen Besetzung liegt in der Chance, neue fachliche und konzeptionelle Ansätze in die bestehende Einrichtung zu integrieren.

6.1.3 Ausschreibung

Die öffentliche Ausschreibung einer Personalstelle ist meist die erste konkrete Kontaktaufnahme mit den potentiellen Bewerberinnen. Sie sollte so gestaltet sein, dass auf den ersten Blick der Tätigkeitsbereich und die erforderlichen Qualifikationen ersichtlich sind. Daneben runden Informationen zum Bewerbungsverfahren selbst eine aussagekräftige Ausschreibung ab.

Eine aussagekräftige Ausschreibung sollte folgende Bestandteile enthalten:
- kurze Aussagen zum Kernauftrag der Institution
- Bezeichnung der Personalstelle
- Angaben über die wesentlichen Vertragsbestandteile (z. B. Vollzeitstelle, Befristung, Eingruppierung)
- kurze Beschreibung der Tätigkeit und der zentralen Anforderungen
- Angaben über die erforderlichen formalen Qualifikationen und Kernkompetenzen
- Informationen über das Bewerbungsverfahren

Stellenangebote werden je nach Verantwortungsbereich der Tätigkeit regional oder überregional in der Fach- oder Tagespresse ausgeschrieben. In den letzten Jahren eröffneten sich mit der Verbreitung des Internets neue Möglichkeiten der Stellenausschreibung.

---

[10] *siehe Kapitel 5.1.1 „Individuelles Arbeitsrecht"*

6.1.4 Bewerbung und Bewerbungsverfahren

In jeder berufsvorbereitenden und berufsbildenden Maßnahme sind Bewerbungstrainings Standard. Daher wird hier nur auf die wesentlichen Bestandteile des Bewerbungsverfahrens eingegangen.
Unabhängig davon, ob das Stellenangebot in einem internen oder externen Auswahlverfahren verbreitet wird, finden sich unterschiedliche Vorgehensweisen.
Obligatorisch in jedem Bewerbungsverfahren ist die schriftliche Bewerbung. Sie ist die Grundlage für die Entscheidung, eine Person in die nähere Auswahl aufzunehmen. Dabei muss man bedenken, dass die zuständigen Personen viele Bewerbermappen in kurzer Zeit sichten müssen und nach formalen wie informellen Kriterien ihre Entscheidungen treffen. Daher wirkt eine Bewerbungsmappe wie eine Visitenkarte. Sie muss auf optimale Weise den Willen und das Interesse an der ausgeschriebenen Position deutlich machen.

Die Analyse von Bewerbungsunterlagen erfolgt in einem fiktiven Beispiel nach folgenden Kriterien:

Kriterien	Gewichtungsfaktor Faktor 1 = wenig relevant Faktor 5 = sehr relevant
Formale Aspekte	
• äußere Erscheinung der Bewerbung	4
• Vollständigkeit der Unterlagen (Anschreiben, aktuelles Lichtbild, tabellarischer Lebenslauf, Nachweise über Qualifikationen)	4
Bewerbungsschreiben	
• konkrete Bezüge auf das Anforderungsprofil	5
• angemessene Präsentation der eigenen Stärken	5
Ausbildungsnachweise	
• Bildungsabschlüsse	5
• Beurteilungen allgemein	4
• Beurteilungen im ausgeschriebenen Fachgebiet	5
Praktische Erfahrungen	
• Berufserfahrung allgemein	4
• Praktika bzw. Erfahrung im ausgeschriebenen Tätigkeitsfeld	5

Abbildung 35: Analyse von Bewerbungsunterlagen

Negativliste von Bewerbungsmappen, die von Personalentwickler auf den ersten Blick ohne Berücksichtigung inhaltlicher Aspekte aussortiert werden:

- Die Bewerbungsmappe enthält unvollständige Angaben.
- Die Beschreibung der Person und deren Qualifikation ist oberflächlich, allgemein und wenig aussagekräftig in Bezug auf die ausgeschriebene Stelle.
- Die Bewerbungsschreiben enthalten Knickstellen, Kaffee- oder Teeflecken und riechen nach Rauch.

Bewerben mit einem Portfolio

Eine Möglichkeit, die eigenen Kompetenzen und Fähigkeiten in Bewerbungsverfahren zu präsentieren, sind Portfolios.

Der Begriff „Portfolio" kommt aus dem Finanz- und Managementbereich und bezeichnet dort eine Sammlung der jeweiligen Produkte eines Unternehmens.

In der Pädagogik wird unter einem Portfolio weit mehr verstanden, als nur eine Sammlung von Themen, mit denen sich die Betreffenden beschäftigt haben. In einem Portfolio soll die Lernbiografie oder das Bildungsprofil einer Person sichtbar werden. Es besteht im Gegensatz zu den klassischen Nachweisen der Qualifikation einer Person (Lebenslauf mit Angaben der Abschlüsse, Zeugnisse) aus einer Sammlung von Themen, Arbeitsprozessen und Ergebnissen vergangener Projekte.
So könnte z. B. eine Erzieherin in einem Portfolio ihre Mitarbeit in einem überregionalen Arbeitskreis zur Gewaltprävention mit Bildern und eigenen Beiträgen dokumentieren. Ihr Engagement und ihre Fähigkeiten würden sichtbar werden und zur Einschätzung der Kompetenzen einer Bewerberin wesentlich mehr beitragen als eine Zeugnisnote.

Vorbereitung eines Bewerbungsgespräches aus der Sicht des Bewerbers:
1. Versuchen Sie so viel wie möglich über die Institution herauszufinden, bei der Sie sich bewerben. Sammeln Sie Informationen über die Zielgruppen, mit denen Sie es evtl. nach Ihrer Anstellung zu tun bekommen.
2. Verschaffen Sie sich einen Überblick über die Konzeption und die pädagogische Arbeitsweise der Institution.
3. Erstellen Sie ein Stärke-Schwäche-Profil von Ihrer Person und überlegen Sie sich griffige Formulierungen, mit denen Sie sich kongruent beschreiben können.
4. Beschäftigen Sie sich mit Fragen, die eventuell gestellt werden und erarbeiten Sie mögliche Antworten, die zu Ihnen passen.
5. Gehen Sie ehrlich und angemessen selbstkritisch mit sich um.

Das Bewerbungsgespräch

Nach Auswahl von 5 bis 6 Bewerbern erfolgt in der Regel die Einladung zu einem Bewerbungsgespräch. Es dient dem gegenseitigen Kennenlernen und stellt die eigentliche Grundlage für eine Entscheidung dar. Neben den formalen Kriterien zur Erfüllung der Anforderungen geht es in einem Bewerbungsgespräch darüber hinaus um den Eindruck, den eine Bewerberin auf den zukünftigen Arbeitgeber macht.

Ein Bewerbungsgespräch könnte sich nach folgendem Ablaufschema richten:
Beteiligte Personen[11]: Frau Müller (Vorsitzende des Trägervereins einer Bildungseinrichtung für behinderte Kinder); Frau Münz (Mitglied des Vorstandes des Trägervereins); Herr Selzer (pädagogischer Leiter der Einrichtung); Frau Laube (stellvertretende Leiterin der Einrichtung); Frau Beck (Erzieherin).

[11] *Namen und Angaben sind aus Gründen der Veranschaulichung frei erfunden. Übereinstimmungen mit tatsächlichen Personen und Situationen sind rein zufällig.*

Ablaufschema eines fiktiven Bewerbungsgespräches:

Begrüßung

- Frau Müller begrüßt Frau Beck, eine Bewerberin um eine Stelle als Erzieherin in der Tagesstätte für körperbehinderte Kinder. Sie stellt die Gesprächsteilnehmer vor und bedankt sich zunächst für das Interesse an der ausgeschriebenen Stelle. Die Gesprächsatmosphäre ist wertschätzend und konzentriert.

Ausbildungsverlauf und berufliche Vorerfahrungen

- Frau Müller bittet Frau Beck etwas über ihren bisherigen beruflichen Werdegang zu erzählen und auf die Motivation, sich gerade für diese Stelle zu bewerben, einzugehen.
- Frau Beck berichtet über ihre schulische und berufliche Ausbildung. Sie geht auf die Schwerpunkte in ihrer Ausbildung als Erzieherin ein und berichtet von ihrem lang gehegten Wunsch, mit behinderten Kindern zu arbeiten. Sie beschreibt ihre wichtigsten Lernerfahrungen in ihren Praktika, die sie in unterschiedliche Arbeitsfelder geführt haben. Sie macht deutlich, dass sie breite Kompetenzen im Umgang mit den zu betreuenden Personen und deren Umfeld hat.

Anforderungen und Qualifikationen

- Herr Selzer stellt zunächst die Einrichtung und die spezifischen Anforderungen an die ausgeschriebene Stelle vor. Es handelt sich um eine Tagesstätte für körperbehinderte Kinder, die nach dem Konzept des ungarischen Arztes Ansgar Petö arbeitet. In der Ausschreibung wurden Kenntnisse und Erfahrungen mit dem „Petö-Konzept" vorausgesetzt.
- Frau Beck berichtet von Einsätzen in diesem Arbeitsfeld und schildert ihre konkreten Kenntnisse, die sie aus diesen Praxiserfahrungen gewonnen hat. Sie kann deutlich die konzeptionellen Unterschiede zu anderen pädagogischen Ansätzen in der Arbeit mit körperbehinderten Kindern herausarbeiten.
- Herr Selzer stellt konkrete Fragen zu Situationen, in die Frau Beck sich hineinversetzen solle, um herauszufinden, wie sie in diesen Situationen handeln würde.

Persönlicher und sozialer Kontext

- Frau Laube geht auf die besonderen gesundheitlichen Herausforderungen im Umgang mit den körperbehinderten Kindern ein und fragt konkret nach Belastungen oder Einschränkungen für diese Tätigkeit.
- Frau Beck ist sich der möglichen Belastung durchaus bewusst. Eine gesundheitliche Einschränkung, die sie in dieser Tätigkeit behindern würde, läge nicht vor. Sie betreibe leichten Ausdauersport und halte sich ansonsten fit durch Gymnastik.

Vertragsbedingungen

- Frau Müller erläutert die vorliegenden Vertragsbedingungen. Es handele sich um eine auf zwei Jahre befristete Stelle, die mit 75 Prozent der üblichen Wochenarbeitszeit in der Entgeltgruppe 8, Stufe 2 berechnet wird.
- Frau Beck fragt nach den Aussichten bzgl. der Umwandlung in eine unbefristete Stelle.

Abschluss des Gesprächs

- Das Gremium bedankt sich für das freundliche und aufschlussreiche Gespräch. Frau Müller als Vorsitzende des Trägervereins stellt den Zeitplan vor, nach dem mit einer Entscheidung zu rechnen ist.

Das Assessment-Center

Einige Arbeitgeber gehen besonders bei Ausschreibungen von Führungskräften dazu über, neben dem Bewerbungsgespräch Assessments durchzuführen.

Unter einem Assessment versteht man meist 1- oder 2-tägige Veranstaltungen, in denen die aussichtsreichen Bewerberinnen gemeinsam eingeladen werden. Nach der Vorstellung des Anforderungsprofils durch den zukünftigen Arbeitgeber müssen die Bewerberinnen einzeln oder auch gemeinsam spezifische Aufgaben lösen.

Im Rahmen von Assessment-Centern sollen folgende Ziele in einem Bewerbungsverfahren erreicht werden:

- Der potentielle Arbeitgeber kann sich einen Eindruck über die Kernkompetenzen von den zukünftigen Mitarbeiterinnen machen.
- Bewerberinnen können ihre Grundüberzeugungen in bestimmten Fallsituationen deutlich darstellen.
- Soziale Kompetenzen der Bewerberinnen werden sichtbar.

Dazu werden die Teilnehmer eines Assessments z. B. mit realen Fallkonstellationen konfrontiert, in denen sie Strategien und Lösungen entwickeln müssen.
Die Verhaltensweise der Bewerberinnen werden von entsprechend geschulten Personen begleitet und nach standardisierten Verfahren beurteilt. Assessment-Center sind sehr aufwendig und werden nur in Einzelfällen angewendet.

6.2 Personalführung

Das Selbstverständnis von Führungskräften in sozialpädagogischen Arbeitsfeldern ist in einem radikalen Wandel begriffen. Kennzeichnend für diesen Wandel sind die gestiegenen und komplexen Anforderungen an sozialpädagogische Einrichtungen, die von streng hierarchisch geordneten Führungssystemen nicht bewältigt werden können.

Moderne sozialpädagogische Institutionen funktionieren nur mit Hilfe eines Managements, das die Verantwortung auf möglichst vielen Schultern verteilt.

6.2.1 Mitarbeiterführung

Unabhängig von den unterschiedlichen Organisationsmodellen[12] haben Führungskräfte eine besondere Verantwortung. Ihre Aufgabe ist es, das Unternehmen auf die erwarteten Ergebnisse hin auszurichten und die Mitarbeiter entsprechend zu motivieren. Die Frage, wie eine optimale Führungskraft beschaffen sein soll, hat schon immer die Sozialwissenschaft beschäftigt.

Zunächst beschrieb man Eigenschaften von Führungskräften und nannte sie Führungsstile (vgl. Dohmen, 2005, S. 77–80). Dazu zählte man den autoritären, den kooperativen und den laissez-fairen Führungsstil.

---

[12] *Siehe Kapitel 1.4 „Organisationsmodelle"*

Der autoritäre Führungsstil

Der autoritäre Führungsstil ist gekennzeichnet durch direktive Anordnungen an Mitarbeiter und die Kontrolle der ausgeführten Tätigkeiten im Sinne der Führungskraft.

Diese gibt die Ziele vor und trifft allein die Entscheidungen. Mitarbeiter haben nur begrenzt die Möglichkeit, Entwicklungen gestaltend zu beeinflussen. Sie sind die Ausführenden und haben im Sinne der Führung zu handeln. In autoritär geführten Organisationen entstehen häufig Motivationsprobleme der Mitarbeiter, da sich dieser Führungsstil mit dem Selbstverständnis von gut ausgebildeten und selbstbewussten Mitarbeitern selten vereinbaren lässt.

Der kooperative Führungsstil

Der kooperative Führungsstil ist gekennzeichnet durch den partnerschaftlichen Umgang mit Mitarbeitern, der von ihnen Mitverantwortung und selbständiges Arbeiten erwartet.

Kooperative Führungskräfte definieren sich durch ihre Fähigkeit, Aufgaben und Entscheidungskompetenzen zu delegieren und die Mitarbeiter zu motivieren. Der kooperative Führungsstil birgt viele Chancen, das Potential einer Organisation oder eines Teams zu wecken, aber auch Gefahren. Sie bestehen in der Herausforderung, unterschiedliche Mitarbeiter mit ihren jeweiligen Begabungen zu integrieren und auf die gemeinsamen Aufgaben auszurichten. Besonders in sozialen Institutionen, in denen Führungskräfte in tägliche Arbeitsabläufe integriert sind (z. B. als Leitung einer Kindertagesstätte) verwischen die unterschiedlichen Rollen von Führungskraft und Teammitglied.

Der Laissez-faire Führungsstil

Der laissez-faire oder liberale Führungsstil zeichnet sich durch das nicht Vorhandensein von jeglicher Führung aus.

Er setzt auf die selbständige Regulation der Organisation und vertraut auf die Gestaltungskraft der Mitarbeiter. Häufig endet dies jedoch in der Desorganisation und im Chaos. In der derzeitigen wirtschaftlich schwierigen Lage vieler sozialer Organisationen können liberal geführte Abteilungen oder Teams nicht überleben. Sie halten den enorm gestiegenen Leistungsdruck nicht aus und müssen sich zwischen dem autoritären und kooperativen Führungsstil entscheiden.

Die neuere Sozialwissenschaft geht von vielen Abstufungen und Kombinationen der drei genannten Führungseigenschaften aus. Im Zuge der Einführung von Qualitätsmanagementverfahren hat sich generell die Ergebnisorientierung in der Führung von sozialen Institutionen durchgesetzt. Zwei Managementansätze sind dabei besonders hervorzuheben (vgl. Maelicke, 1999, S. 850–911): Management durch Delegation und Führen durch Zielvereinbarungen.

Management durch Delegation

Im Führungsmodell Management durch Delegation werden mit Hilfe von Dienstvereinbarungen und Stellenbeschreibungen die Verantwortungsbereiche der Mitarbeiter festgelegt.

Darüber hinaus wird vereinbart, wie und wann das erwartete Ergebnis ausgewertet werden kann. Die Mitarbeiter arbeiten weitgehend selbständig in ihrem Zuständigkeitsbereich. Führungskräfte übernehmen beratende und unterstützende Funktionen und sind für die Ergebnisauswertung zuständig.
Dieses Managementmodell kann auf alle Bereiche übertragen werden.
Im sozialpädagogischen Arbeitsfeld gibt es viele Beispiele für diesen Ansatz. Jugendhilfeeinrichtungen sind in der Regel gruppenorientiert aufgebaut. Dabei ist für jede Gruppe ein fester Stamm von Mitarbeitern zuständig. Diese arbeiten in Abstimmung mit dem Gesamtkonzept der Einrichtung überwiegend autonom. In diesen Einrichtungen koordinieren Führungskräfte die einzelnen Bereiche auf der Grundlage einer gemeinsam vereinbarten Gesamtkonzeption.

Die Vorteile des Führungsmodells Management durch Delegation liegen in der Übertragung der Verantwortung auf mehrere Schultern.

Die Mitarbeiter sind in Abläufe viel stärker eingebunden und können ihre eigenen Vorstellungen einbringen. Sie identifizieren sich stärker mit dem, was sie tun und zeigen eine deutlich höhere Motivation als in Prozessen, in denen sie nur Aufträge erfüllen.
Die Nachteile des Modells sind situativ abhängig von den beteiligten Personen und den delegierten Aufträgen. Manchen Führungskräften fällt es schwer, nicht nur die Aufgabe, sondern auch die impliziten Entscheidungskompetenzen abzugeben und auf die Fachkompetenz ihrer Mitarbeiter zu vertrauen.

Management durch Zielvereinbarungen

Im Führungsmodell Management durch Zielvereinbarungen durchzieht das gesamte Unternehmen eine systematische Ergebnisorientierung. Unternehmensziele werden auf jeder Ebene auf spezifische Bereichsziele heruntergebrochen und umgesetzt. In sozialen Institutionen findet sich dieses Modell nur in abgeschwächter Form. Auch hier lassen sich quantitative und qualitative Ziele benennen und Vereinbarungen zu deren Umsetzungen treffen.

Beispiel:

Eine heilpädagogische Einrichtung für entwicklungsverzögerte und körperbehinderte Kinder im Alter bis 6 Jahren setzt sich zum Ziel, dass die Akzeptanz der Einrichtung in dem Umfeld der Institution steigt. Dieses Ziel hat für die Vorhaben in den kommenden Jahren oberste Priorität. Die einzelnen Ebenen der Organisation (Vorstand des Einrichtungsträgers, Verwaltungsleitung, pädagogische Leitung, Gruppenleitungen) erhalten jeweils Zielvorgaben, die sie mit ihren jeweiligen Mitarbeitern durch Zielvereinbarungen konkretisieren und umsetzen.

Wie in diesem Beispiel zu erkennen ist, muss zwischen Zielvorgaben und Zielvereinbarungen unterschieden werden.
Zielvorgaben sind Vorgaben, die in der Linie an die jeweils nächste Ebene in Form von Aufträgen weitergegeben werden.
Zielvereinbarungen sind Vereinbarungen, die zwischen allen Beteiligten getroffen werden und für deren Umsetzung sie selbst verantwortlich sind.

Kurzfristige und längerfristige Ziele

Man unterscheidet im Rahmen von Zielvereinbarungen kurzfristige Ziele, die in überschaubaren Zeiträumen bis zu 6 Monaten umgesetzt werden können, längerfristige Ziele und Vorha-

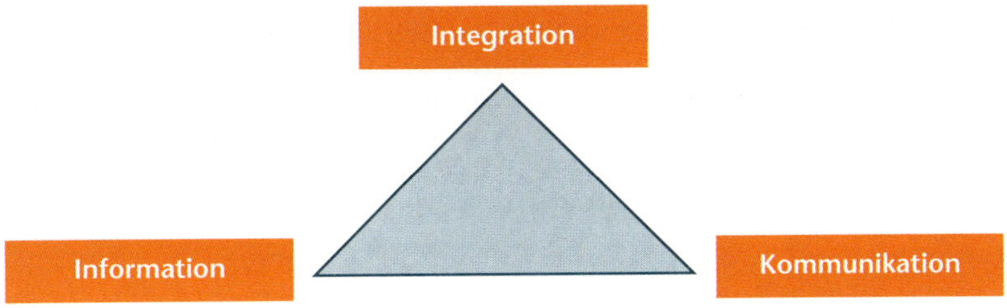

Abbildung 36: Teambesprechungen

Bausteine einer effektiven Besprechungskultur

- Besprechungen werden generell durch die Führungskraft mit Unterstützung der Mitarbeiter vorbereitet. Themen werden in Tagungsordnungspunkte (sog. TOP) gesammelt, zeitlich strukturiert und einem Kollegen zugeordnet.
- Die Besprechung wird entweder durch eine schriftliche Einladung (abhängig von der Besprechungsart) oder durch Aushang mit der Tagesordnung bekannt gegeben.
- Der verantwortliche Mitarbeiter bereitet das jeweilige Thema vor, kopiert evtl. notwendige Unterlagen und ist für die Moderation in der Besprechung verantwortlich. Außerdem werden Zeitnehmer und Protokollant bestimmt.
- Für jeden TOP ist ein bestimmter Zeitraum vorgesehen. Wird dieser überschritten, muss entschieden werden, wann die Weiterarbeit zu diesem Thema erfolgt.
- Jede Besprechung sollte grundsätzlich moderiert werden. Die Moderation sollte nur in grundsätzlichen Themenbereichen von der Leitung übernommen werden. Aufgabe der Moderation beinhaltet die Strukturierung des Gesprächs und die Einbeziehung der Meinungen der Mitarbeiter.
- Die einzelnen Themen sollten möglichst visualisiert werden, d. h. mit Hilfe von Flipchart oder digitalen Präsentationswerkzeugen (PC und Beamer) dargestellt werden.
- Die Ergebnisse der Besprechung werden in einem Protokoll festgehalten und nach der Besprechung allen Mitarbeitern zur Verfügung gestellt.
- Jeweils zu Beginn der darauf folgenden Besprechung wird der Fortgang der festgehaltenen Vereinbarungen ausgewertet.

6.2.3 Teamentwicklung

Unter Teamentwicklung versteht man zum einen eine Führungsaufgabe als zentrales Element des Personalmanagements und zum anderen eine Beschreibung des Gruppenprozesses eines Teams.

Da in den Berufsfeldern, in denen Erzieherinnen und Erzieher arbeiten, meist überschaubare Teams von max. 15 Personen gebildet werden, verteilt sich die Verantwortung für die Teamentwicklung auf alle Teammitglieder.
Das folgende Schema zur Teambewertung ist eine Vorlage zur subjektiven Einschätzung der Teamentwicklung aus der Sicht des einzelnen Teammitgliedes. Es kann als Grundlage zum Austausch der Mitarbeiter über den Grad der Teamentwicklung fungieren.

Erfolgreiche Teams zeichnen sich durch eine hoch frequentierte und sachorientierte Kommunikationskultur aus. Das heißt, die oben genannte Balance von Information, Kommunikation und Integration betrifft nicht nur die Besprechungskultur eines Teams, sondern ist ein grundsätzlicher Bestandteil des Selbstverständnisses der Beteiligten. Dabei geht es nicht um eine Wohlfühlkultur, die Konflikte und Auseinandersetzungen eher vermeidet, sondern um eine ziel- und aufgabenorientierte Kooperation auf der Grundlage gemeinsamer Werte.

Subjektive Einschätzung der Teamkultur

1	Mir sind die Teamziele	nicht klar	–3 –2 –1 0 +1 +2 +3	ganz klar
2	Kritik ist meistens	abwertend	–3 –2 –1 0 +1 +2 +3	konstruktiv
3	Teammitglieder zeigen sich mehr als	Einzelkämpfer	–3 –2 –1 0 +1 +2 +3	gruppenorientiert
4	Das Team	verzettelt sich oft	–3 –2 –1 0 +1 +2 +3	verhält sich zielstrebig
5	Teammitglieder können in ihren Beiträgen	nicht ausreden	–3 –2 –1 0 +1 +2 +3	ausreden
6	Abweichende Ansichten werden meistens	weggedrückt	–3 –2 –1 0 +1 +2 +3	gehört
7	Konflikte im Team werden	ignoriert	–3 –2 –1 0 +1 +2 +3	offen behandelt
8	Die Aktivitätsanteile der Teammitglieder sind	sehr unterschiedlich	–3 –2 –1 0 +1 +2 +3	ziemlich gleich verteilt
9	Die Teamleitung	dominiert	–3 –2 –1 0 +1 +2 +3	führt kooperativ
10	Das Klima im Team ist insgesamt	stark angespannt	–3 –2 –1 0 +1 +2 +3	entspannt und frei
11	Die Fähigkeiten der Teammitglieder	bleiben ungenutzt	–3 –2 –1 0 +1 +2 +3	werden voll ausgeschöpft
12	Die Arbeitsweise des Teams ist	wenig methodisch ausgerichtet	–3 –2 –1 0 +1 +2 +3	stark methodisch ausgerichtet

Abbildung 37: Teambewertung

Wie schon in vorausgehenden Kapiteln dargelegt haben die sachorientierte und konstruktive Kommunikation und ein offenes und wertschätzendes Betriebsklima hohe Anteile an einer gelingenden Teamentwicklung.

Bausteine einer effektiven Teamkultur

Struktur	Prozess
gemeinsame Werte Teamführung gemeinsame Ziele Rollen- und Aufgabenverteilung Kompetenzrahmen für Entscheidungen	Wille zum Miteinander Grad an Offenheit Informationsfluss Feedback-Prozess produktive Unzufriedenheit

Abbildung 38: Effektive Teamkultur

Die Erfahrung zeigt, dass von einer systematischen Beschäftigung mit dem Leitbild der Institution und den Kernprozessen der einzelnen Aufgabenbereiche nachhaltige Impulse für die Teamentwicklung ausgehen können. Die Voraussetzung ist allerdings, dass sich alle Beteiligte intensiv mit den gemeinsamen Werten und den fachlichen Grundlagen der Tätigkeit auseinander setzen.

6.3 Personalentwicklung

Als Personalentwicklung bezeichnet man die Gesamtheit der Strategien und Maßnahmen, die darauf ausgerichtet sind, die Kompetenzen der Mitarbeiter im Sinne der Institution kontinuierlich zu verbessern und an den gegebenen Veränderungen anzupassen. Personalentwicklung umfasst weit mehr als die Ermöglichung von Fortbildungen. Es wird als das den Arbeitsprozess begleitende Kompetenzmanagement von Tätigkeitsbeginn bis zum Ausscheiden verstanden.

§

Im Betriebsverfassungsgesetz werden Arbeitgeber dazu aufgefordert, „die Berufsbildung der Arbeitnehmer zu fördern“:

§

§ 96 BetrVG
„(1) Arbeitgeber und Betriebsrat haben im Rahmen der betrieblichen Personalplanung und in Zusammenarbeit mit den für die Berufsbildung und den für die Förderung der Berufsbildung zuständigen Stellen die Berufsbildung der Arbeitnehmer zu fördern. Der Arbeitgeber hat auf Verlangen des Betriebsrats den Berufsbildungsbedarf zu ermitteln und mit ihm Fragen der Berufsbildung der Arbeitnehmer des Betriebs zu beraten. Hierzu kann der Betriebsrat Vorschläge machen.
(2) Arbeitgeber und Betriebsrat haben darauf zu achten, dass unter Berücksichtigung der betrieblichen Notwendigkeiten den Arbeitnehmern die Teilnahme an betrieblichen oder außerbetrieblichen Maßnahmen der Berufsbildung ermöglicht wird. Sie haben dabei auch die Belange älterer Arbeitnehmer, Teilzeitbeschäftigter und Arbeitnehmern mit Familienpflichten zu berücksichtigen.“

Der Anspruch auf Weiterbildung und die konkreten Regelungen dazu waren in den letzten Jahren häufig Streitpunkt zwischen Arbeitgeber und Arbeitnehmer. Generell gilt, dass in Deutschland kein einheitliches Bundesgesetz existiert, das den Anspruch und die konkrete Umsetzung von Weiterbildungen innerhalb einer Berufstätigkeit regelt. Die Bestimmungen zu Fort- und Weiterbildungen von Arbeitnehmern liegen in den Händen der Länder. Somit gibt

es unterschiedliche länderspezifische gesetzliche Regelungen zur Qualifizierung von Mitarbeitern. In der Mehrzahl der Länder bestehen sogenannte Bildungsurlaubsgesetze, welche unter bestimmten Voraussetzungen Weiterqualifizierungen von Mitarbeitern fördern.
Arbeitgeber und Arbeitnehmer haben ein großes Interesse an einem hohen Qualifikationsniveau und sprechen einerseits von einem Anspruch auf Fortbildung und andererseits von der Pflicht, sich weiterzubilden. Somit sind einzelne branchenspezifische Richtlinien und Verfügungen, z. B. in den Tarifverträgen, äußerst hilfreich.

§

§ 5 Abs. 3 TvöD Qualifizierungen
„Qualifizierungsmaßnahmen sind
a) die Fortentwicklung der fachlichen, methodischen und sozialen Kompetenzen für die übertragenen Tätigkeiten (Erhaltungsqualifizierung),
b) der Erwerb zusätzlicher Qualifikationen (Fort- und Weiterbildung),
c) die Qualifizierung zur Arbeitsplatzsicherung (Qualifizierung für eine andere Tätigkeit; Umschulung) und
d) die Einarbeitung bei oder nach längerer Abwesenheit (Wiedereinstiegsqualifizierung).
Die Teilnahme an einer Qualifizierungsmaßnahme wird dokumentiert und den Beschäftigten schriftlich bestätigt“

Nach einer Studie aus dem Jahr 2008 stieg in Deutschland in den letzten Jahren die Beteiligung an Weiterbildungsmaßnahmen nur leicht von 41 % auf 43 % der Beschäftigten (vgl. von Rosenbladt/Bilger, 2008, S. 4). Die Gründe für den geringen Anstieg werden in der erhöhten Anspannung am Arbeitsmarkt und in der Verknappung der Finanzhaushalte vor allem im sozialen Bereich gesehen.

6.3.1 Lernen „on the job“, „near the job“ und „off the job“

Mit „Lernen on the job“ bezeichnet man die Lernprozesse, die unmittelbar am Arbeitsplatz im Kontext konkreter Aufgabenstellungen erfolgen. In der Regel handelt es sich um informelle berufliche Lernszenarien, die sich aus konkreten Problemsituationen und Fragestellungen ergeben.

Darunter fallen alle Anleitungen direkt am Arbeitsplatz, z. B. von Praktikanten. In einer Repräsentativbefragung über die Situation der Weiterbildung in Deutschland wurden die Lernarten „Lernen durch Beobachten und Ausprobieren am Arbeitsplatz“ mit 38 %, „Lesen von berufsbezogener Literatur“ mit 35 % und „Unterweisung oder Anlernen am Arbeitsplatz durch Kollegen“ mit 25 % am häufigsten genannt (vgl. Bundesministerium für Bildung und Forschung, 2004, S. 56).
In den letzten Jahren entstand mit der Ausstattung vieler Bereiche des öffentlichen Lebens mit Computersystemen ein Bildungsmarkt, der insbesondere die Aus- und Weiterbildung beeinflusst und die hier vorgestellten Lernszenarien („on the job“, „near the job“ und „off the job“) erweitert. In fast allen Bereichen der Aus- und Weiterbildung entstehen derzeit auch für soziale Tätigkeitsfelder digitale Plattformen im Internet, die als Beitrag zur Personalentwicklung gesehen werden können.
In diesem Zusammenhang ist die Plattform des Staatsinstituts für Frühpädagogik, München, mit dem Titel „Online-Familienhandbuch“ zu nennen. Die Herausgeber Prof. Dr. Dr. Dr. Wassilios E. Fthenakis und Dr. Martin R. Textor stellen zahlreiche Beiträge unterschiedlicher Autoren zur Verfügung. Sie behandeln Themen rund um das Familienleben und die Familienerziehung. Die Zielgruppen der Beiträge sind Eltern und pädagogische Fach-

kräfte. Das Online-Familienhandbuch ist erreichbar unter der Internetadresse www. familienhandbuch.de.

„Lernen near the job" wird in vielen Bereichen als Teamfortbildung oder pädagogische Seminartage zur internen Fort- und Weiterbildung genutzt. Diese Form hat vor allem teambildenden Charakter und dient zur inhaltlichen Abstimmung der einzelnen Mitarbeiter.

In vielen Veränderungsprozessen innerhalb der Organisation entstehen neue Anforderungen an die Mitarbeiter. Wenn z. B. eine Kindertagesstätte ihre Zielgruppe mit einer Kinderkrippe erweitert, muss evtl. die Qualifikation der Mitarbeiter den veränderten Anforderungen angepasst werden (Erhaltungsqualifizierung).

Mit „Lernen off the job" werden alle Fort- und Weiterbildungsmaßnahmen bezeichnet, in denen sich Mitarbeiter mit Hilfe von Angeboten externer Seminarveranstalter weiterqualifizieren.

Im Sinne der Qualitätsentwicklung sollten diese Maßnahmen eng am konkreten Bildungsbedarf der jeweiligen Tätigkeit ausgerichtet und in einem Personalentwicklungskonzept für alle Mitarbeiter grundsätzlich geregelt sein. Vor allem sollte gewährleistet werden, dass die Erfahrungen und Ergebnisse aus den externen Fortbildungen in die Institution zurückfließen. Dies kann in Form eines Austausches in einer Dienstbesprechung oder in der Weitergabe der Materialien, die im Fortbildungsseminar verwendet wurden, bestehen.

Beispiel Personalentwicklungskonzept in der Tagesstätte für körperbehinderte Kinder[14]:

Mit dem Personal der Tagesstätte und dem Trägerverein wurde eine Dienstvereinbarung mit Zustimmung der Mitarbeitervertretung bzgl. der Personalentwicklung geschlossen. Die wesentlichen Bestandteile des Konzeptes lassen sich folgendermaßen zusammen fassen:

1. Ein hohes Qualifikationsniveau und die kontinuierliche Weiterqualifizierung des Personals liegen im gemeinsamen Interesse von Beschäftigten und Arbeitgebern. Unterschiedliche Maßnahmen der internen und externen Qualifizierung dienen der Steigerung von Effektivität und Effizienz der gesamten Einrichtung.
2. In dem jährlich zu erstellenden Haushalt wird ein angemessenes Budget zur Weiterqualifizierung der Mitarbeiter zur Verfügung gestellt. Der Umfang des Budgets ergibt sich aus der Personalentwicklungsbedarfsplanung, die von der Leitung der Einrichtung rechtzeitig einzureichen ist.
3. Im zweiten Drittel eines jeden Jahres erstellen die Mitarbeiter unter der Führung der Einrichtungsleitung einen Bedarfsplan zur Weiterqualifizierung der Mitarbeiter. Dieser stellt die Grundlage für die Budgetverhandlungen dar.
4. Die Auswahl der einzelnen Maßnahmen und der Mitarbeiter erfolgt in gemeinsamen Beratungen und in Abstimmung mit der jeweiligen Führungskraft.
5. Vor jeder einzelnen Maßnahme erfolgt ein Qualifikationsgespräch mit der zuständigen Führungskraft, in dem der Qualifizierungsbedarf konkretisiert wird.
6. Nach Beendigung der Maßnahme stellt der Mitarbeiter seine Erfahrungen, seine erworbenen Kenntnisse und die erhaltenen Materialien den Mitarbeitern zur Verfügung.
7. In einem abschließenden Reflexionsgespräch wird die besuchte Qualifizierungsmaßnahme mit der zuständigen Führungskraft evaluiert.

[14] *Es handelt sich hier um ein fiktives Beispiel. Übereinstimmungen mit ähnlichen Konzepten sind rein zufällig.*

Die systematische Organisation von Fort- und Weiterbildungen ist ein wesentlicher Bestandteil der Personalentwicklung. Im Rahmen eines Kompetenzmanagements beginnt sie schon bei der Personalplanung und der Einstellung der Mitarbeiter.

6.3.2 Qualifizierung in Projekt- und Teamarbeit

Flipcharts und Präsentationswände gehören heute selbstverständlich in jedes Teamzimmer. Sie erleichtern die Bearbeitung von Themen und strukturieren viele Diskussionsprozesse. Die Qualifizierung in Moderationsmethoden und Techniken, die Besprechungen und Beratungen unterstützen, gehören zum selbstverständlichen Anliegen der Personalentwicklung.

Moderationsmethoden

In den 60er Jahren des letzten Jahrhunderts wurden Methoden und Techniken entwickelt, die Besprechungen effektiver und ergebnisorientierter gestalten sollten. Sie sind bis heute im Kern erhalten und weitverbreitet, wurden weiterentwickelt und sind Bestandteil einer jeden ergebnisorientierten Besprechungskultur.

Sie gehen von der Annahme aus, dass Diskussionen und Besprechungen inhaltlich eher zum Ergebnis führen, wenn sie mit Hilfe eines Moderators und entsprechenden Instrumenten strukturiert und formal gesteuert werden. Im Unterschied zur Gesprächsleitung, welche in die Besprechung einführt, die Redebeiträge entgegennimmt und die Sitzung beschließt, greift der Moderator wesentlich aktiver in die Gestaltung des Gesprächsprozess durch Anwendung visualisierender Methoden ein. Hier werden einige Techniken dargestellt, die zum Grundrepertoire einer moderierten Besprechung gehören.

Moderierte Besprechungen sind gekennzeichnet durch verschiedene Merkmale:
- Die Person des Moderators oder der Moderatorin greift nicht inhaltlich in den Gesprächsverlauf ein, sondern gestaltet und strukturiert den Diskussionsprozess durch Techniken der Visualisierung von Gedanken, Meinungen und Entscheidungen.
- Die Kommunikation in moderierten Besprechungen findet einerseits mündlich durch die Gesprächsbeiträge der Teilnehmer und andererseits durch die schriftlichen Einträge auf den vorbereiteten Diagrammen, Tabellen oder Moderationskarten statt.
- Materialien wie Flipchart, große Papierbögen, unterschiedliche Stifte und Moderationskarten sind leicht zu erkennende äußere Merkmale von moderierten Besprechungen.

Hier werden einige Beispiele vorgestellt, die in vielen Situationen den Diskussionsverlauf ordnen und strukturieren können.

Brainstorming

Beim Brainstorming handelt es sich um einen Klassiker der Moderationsmethoden und Techniken, die hauptsächlich zur Sammlung und Ordnung von spontanen Ideen, Anliegen und Beiträgen verwendet werden. Sie bedürfen nur einer geringen Vorbereitung, die aus der Formulierung des Themas und der Bereitstellung der Materialien besteht.

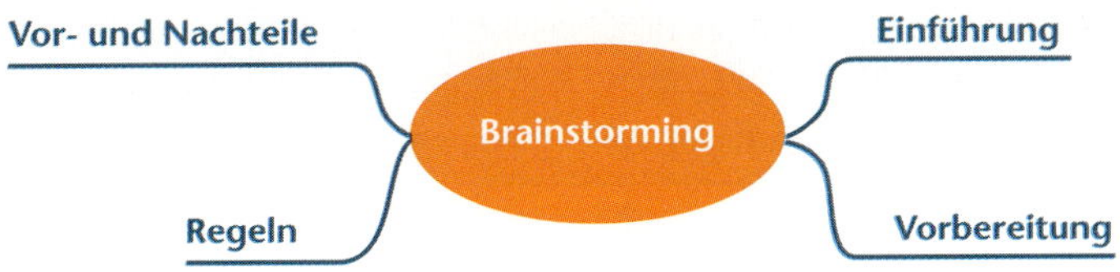

Abbildung 39: Brainstorming

In jedem Brainstorming müssen gewisse Regeln beachtet werden. Zunächst geht es darum, dass zu einem Thema die Teilnehmer einer Gruppe möglichst spontan ihre Ideen und Assoziationen mit einem Begriff nennen, ohne sie auszuführen. Diese werden entweder auf Moderationskarten geschrieben oder ausgesprochen und vom Moderator an einer Flipchart schriftlich festgehalten. Dabei sollte jeder Teilnehmer zu Wort kommen. Die Beiträge dürfen zunächst nicht bewertet werden.
Nach der ersten Brainstormingphase beginnt die Ordnungsphase. Hier werden die Beiträge nach Ähnlichkeiten oder Oberbegriffen geordnet. Erst nach Abschluss dieser Phase trifft die Gruppe die Entscheidung, wie sie mit den Beiträgen umgehen möchte.

Brainstormingtechniken sind in vielen Variationen bekannt und funktionieren nach dem gleichen Schema:
- Definition eines Themas oder einer Fragestellung
- Sammeln von Ideen oder Aspekten, ohne sie zu kommentieren oder zu diskutieren
- Zuordnen und gruppieren zu Oberbegriffen
- Diskussion des bisher erzielten Ergebnisses

Die Vorteile von Brainstorming liegen in der vielseitigen Verwendbarkeit, der leichten Handhabung und der Ergebnisorientierung. Die Nachteile könnten darin liegen, dass die Versuchung für manche Teams groß ist, die Struktur zu verlassen und gleich in die Diskussion einzusteigen (vgl. Klebert, 1991, S. 57).

Punktabfrage

Die Punktabfrage ist eine Technik, die in einem Meinungsbildungsprozess am Anfang und am Ende den Stand der Konsensentwicklung in einem Team deutlich machen kann. Dabei werden auf einem vorbereiteten großen Papierbogen die verschiedenen Auswahlmöglichkeiten aufgezeigt, die von den Teilnehmern bewertet werden müssen. Jeder Teilnehmer erhält z. B. drei Punkte und kann sie je nach eigener Einschätzung vergeben. Sehr schnell wird ersichtlich, welche Prioritäten die Gruppe als Ganzes setzt.

To-Do-Liste

In Besprechungen werden Aktivitäten besprochen und Vereinbarungen über zukünftige Projekte getroffen. Eine To-Do-Liste kann zur Strukturierung der Planung sehr viel beitragen. In einer vorbereiteten Tabelle werden die einzelnen Prozessschritte, der Verantwortliche für die Umsetzung, der Beginn und das voraussichtliche Ende der Bearbeitung aufgeführt. Damit wird das beabsichtigte Vorhaben übersichtlich und steuerbar.

Spielfest 2008				
	Verantwortlich	**Beginn**	**Ende**	**OK**
Flyer entwerfen	Beate, Tanja			
Druckerei kümmern	Tanja			
Getränke und Tischgarnituren	Phil, Mona			
Einladungen verteilen	Mary, Anton			

Abbildung 40: To-do-Liste

Die drei bisher vorgestellten Moderationstechniken stehen für viele Varianten, die alle das gleiche Ziel verfolgen: Besprechungen effektiver und effizienter gestalten.

Projektmanagement – Grundlagen

Der Begriff stammt zunächst vom lat. „proicere" (vorstrecken, vorwärts werfen) ab und ist seit dem 17. Jahrhunderts mit projectum (das Vorhaben) bekannt.

Projekte hat es schon immer gegeben. Doch gibt es bestimmte Merkmale, die das Projekt in seiner Sonderstellung unter vielen „Vorhaben" kennzeichnen:
- es ist ein komplexes Vorhaben,
- es ist nicht alltäglich und zeitlich begrenzt,
- es hat sehr konkret bestimmbare Ziele,
- die in geplanten Ablaufphasen angestrebt werden.

Die Projektarbeit in Arbeitsgruppen setzt eine spezifische Organisation voraus, die mit Projektmanagement bezeichnet wird. Es umfasst die inhaltliche und zeitliche Planung sowie die Durchführung und Auswertung eines Projektes. Es muss dabei ein in einem festgelegten Zeitraum arbeitsteilig gemeinsam vereinbartes Arbeitsziel erreicht werden.

Folgende Projektphasen lassen sich im Allgemeinen nennen:

Vorbereitung
- Definition des Projektauftrages und des Projektzieles
- Erarbeitung des inhaltliches Projektkonzeptes

Entwicklungsphase
- inhaltliche Ablaufplanung
- Zeitplanung

Umsetzungsphase
- Erarbeitung einzelner Teilschritte
- Zwischenauswertung an sog. „Meilensteinen"

Nutzungsphase
- erste Tests unter realen Bedingungen
- Verbesserungen

Auswertung und Schluss des Projektes

Beispiel für Projektgruppen in einer Kindertagesstätte:

Aufgrund eines Ratsbeschlusses einer Kleinstadt sollen 2 Kindertagesstätten in der Trägerschaft der Kommune zusammengeführt werden. Die räumlichen und finanziellen Voraussetzungen für diesen Zusammenschluss werden in einer eigenen Steuergruppe beraten, die mit Mitgliedern des Bauausschusses, Mitarbeitern des betreuenden Architekturbüros, Verantwortlichen des zuständigen Jugendamtes und der Leitung der Kindertagesstätte besetzt ist.
Nach Abschluss der Planungsphase müssen die konzeptionellen und personellen Voraussetzungen für eine Fusion der beiden Kindertagesstätten geschaffen werden. Zu diesem Zweck wird eine weitere Steuerungsgruppe eingerichtet, die diesen Prozess planen und betreuen soll. Diese Projektgruppe besteht aus den Vertretern des Jugendamtes und den jeweiligen Führungskräften aus den beiden Kindertagesstätten. Ihre Aufgabe ist es zunächst, einen groben Organisationsplan für den Zusammenschluss der beiden bisher selbständigen Einrichtungen zu entwerfen. Bevor die einzelnen Schritte in eine zeitliche Struktur geordnet werden können, müssen sie zunächst einmal benannt werden. Diese Aufgabe beschäftigt die Steuerungsgruppe in den ersten beiden Treffen.

In diesem komplexen Beispiel wird deutlich, wie wichtig es ist, dass Vorhaben systematisch geplant und strukturiert werden, wenn sie gelingen sollen.

6.3.3 Kollegiale Beratung und Supervision

Kollegiale Beratung

Unter diesem Begriff werden Besprechungen verstanden, in denen konkrete Situationen in der täglichen sozialen Arbeit gezielt und mit einem ausreichenden Zeitbudget unter Kollegen bearbeitet werden.

Die Teilnehmer einer kollegialen Beratungsgruppe fungieren dabei als gleichwertige Berater, die sich gegenseitig als Kolleginnen und Kollegen beraten. Sie können aus der gleichen Institution kommen oder sich überregional zusammenfinden.
In einer kollegialen Beratungsgruppe existieren unterschiedliche Rollen. Die zu Beratenden bringen eine berufliche Situation, für die sie Anregungen und Unterstützung im beruflichen Handeln erwarten, ein. Sie formulieren nach einer kurzen Schilderung ihr Kernanliegen und Fragen an ihre Kollegen.
Der Moderator greift nicht inhaltlich in die Beratung ein. Seine Aufgabe besteht darin, dass er den Verlauf der Beratung steuert. Er sorgt vor allem dafür, dass das Kernanliegen des zu Beratenden immer wieder in den Mittelpunkt gestellt wird.
Die Beratungsgruppe greift das Anliegen auf und versucht es aus den jeweiligen Blickwinkel zu deuten und Lösungsstrategien zu entwickeln.

Kollegiale Beratungsgruppen sind in allen sozialen Tätigkeitsfeldern hilfreich, um informelle Lernprozesse bei den einzelnen Mitarbeitern und in der Organisation anzustoßen. Sie sind ein selbstverständlicher Bestandteil jeder lernenden Organisation.[15]

Supervision

Wenn kollegiale Beratungsprozesse sich im Kreise drehen und externe Perspektiven erforderlich werden, greifen viele Institutionen zum Instrument der Supervision.

Der Begriff lässt sich frei mit „sich einen Überblick verschaffen" übersetzen und steht für eine eigenständige Beratungsform, die sich seit den 50er Jahren hochprofessionell entwickelt hat.

Supervision für einzelne Mitarbeiter, Teams oder für Organisationen ist ein effektiver Weg, um Entwicklungen und Konflikte im Arbeitsalltag durch Reflexion wahrzunehmen und verstehen zu lernen, um dann angemessene Veränderungsmöglichkeiten zu finden. Im Mittelpunkt der Supervision steht das berufliche Handeln. Direkt und am konkreten Alltagsgeschehen werden Lernprozesse ermöglicht, die fachliches Know-how, Kommunikation und Kooperation mit Mitarbeitern, Vorgesetzten und Kunden verbessern. In der Supervision treffen sich Mitarbeiter oder Leitungs- und Führungspersonen. Im Abstand von in der Regel vierzehn Tagen werden Konflikte oder Anforderungen im Arbeitsalltag, die ohne einen neutralen Vermittler nicht lösbar wären, reflektiert und aufgearbeitet. Die Themen in der Supervision werden von den Teilnehmern bestimmt und sind abhängig vom jeweiligen Arbeitsfeld.
Je nach den spezifischen Interessen und dem Bedarf der Teilnehmer finden Einzel-, Gruppen-, Team- oder Leitungs- und Organisationssupervisionen statt. Die Beratungen werden moderiert von Supervisorinnen und Supervisoren, deren Aufgabe es ist, den Beratungsprozess zu leiten.

Die Ziele von Supervision sind:
- Begleitung und Steuerung von Lernprozessen von Einzelnen, Teams und Organisationen
- Steigerung der Identifikation und Motivation der Mitarbeiter
- Verbesserung der Qualität der Dienstleistung im Sinne eines kundenorientiertes Qualitätsmanagements

Kollegiale Beratungen und Supervision taugen nicht als Beratungsinstrumente für akute Krisen und Eskalationen. Sie sind entwicklungsorientierte Verfahren, die ihre Zeiträume benötigen. Wenn sich Teams und Organisationen in ihrer Zusammenarbeit extrem gefährden, sollten andere Verfahren innerhalb eines Personalentwicklungskonzeptes zum Tragen kommen.

6.3.4 Konfliktmanagement und Mediation

§ Konflikte und Auseinandersetzungen sind alltägliche Bestandteile der Zusammenarbeit in allen Organisationsformen. Wenn unterschiedliche Positionen und Interessen aufeinander stoßen, dann müssen tragfähige Lösungen im Sinne der Organisation und der einzelnen Mitarbeiter gefunden werden. Man unterscheidet dabei verschiedene Konfliktformen: Sachkonflikte und soziale Konflikte.

---

[15] *Siehe Kapitel 4.2.2 „Veränderungslernen (Double-Loop-Learning)" und 4.3 „Konzept der lernenden Organisation nach Peter Senge"*

Sachkonflikte

Sachkonflikte entstehen durch unterschiedliche Auffassungen und Positionen. Sie lassen sich mit Hilfe von Sachgesprächen, in denen die verschiedenen Argumente ausgetauscht werden, bearbeiten. Dabei geht es um das Ringen um eine sachlich und sozial angemessene Entscheidung. Wenn eine akzeptable Lösung im Diskurs der Beteiligten nicht gefunden werden kann, ist die verantwortliche Führungskraft aufgrund ihres Weisungsrechtes nach § 315 BGB zu einer verbindlichen Entscheidung berechtigt.

Soziale Konflikte

Soziale Konflikte sind komplexer Natur. In ihnen vermischen sich sachliche und emotionale Anteile eines Konfliktes. Soziale Konflikte haben ihre Ursachen in den unterschiedlichen Persönlichkeitseigenschaften und darauf zurückzuführenden Verhaltensweisen der Personen.

Soziale Konflikte sind gekennzeichnet durch

- eine Vermischung von sozialen und emotionalen Anteilen,
- eine stetig abnehmende Kommunikation und Verhärtung der Positionen der beteiligten Parteien und
- persönlich abwertende Botschaften der Konfliktparteien.

Soziale Konflikte müssen rechtzeitig erkannt und bearbeitet werden, sonst können sie eskalieren und die Qualität der Dienstleistung erheblich mindern (vgl. Haeske, 2003, S. 61–63).

Konfliktlösung

Dabei haben sich folgende Schritte bewährt:

1. Schritt: Alle Konfliktparteien müssen an einen Tisch und sich um die Lösung der Konflikte bemühen.
2. Schritt: Jede Konfliktpartei erhält die Möglichkeit, ihre Argumente und Positionen vorzutragen ohne, dass sie gleich diskutiert und bewertet werden.
3. Schritt: Jede Konfliktpartei formuliert ihre Interessen in ihrer Argumentation und beschreibt die Bedeutung, die diese für sie hat.
4. Schritt: Gemeinsamkeiten und Unterschiede werden festgehalten.
5. Schritt: Auf der Grundlage der Gemeinsamkeiten werden unterschiedliche Optionen möglicher Lösungen entwickelt.
6. Schritt: Die Lösungsvariable, welche die größte Zustimmung aller Beteiligten findet, führt zur abschließenden Vereinbarung.
7. Schritt: Die Lösung wird schriftlich dokumentiert und von allen Beteiligten unterschrieben.[16]

Die Wahrnehmung und Bearbeitung von Konflikten innerhalb einer Institution liegt in der Verantwortung der Führungskraft. Wenn das Konfliktgeschehen zu eskalieren droht und nicht mehr beherrschbar wird, könnte ein Mediationsverfahren hilfreich sein.
Mit Mediation bezeichnet man ein Verfahren, das Konflikte zwischen Streitpartnern zu regeln versucht, bevor Anwälte oder Gerichte eingeschaltet werden müssen. Es geht dabei um faire und einvernehmliche Lösungen, die von den Konfliktparteien selbst erarbeitet werden.
Hierbei werden sie von einer neutralen Person, dem Mediator oder der Mediatorin, unterstützt, deren Hauptaufgabe in der Gestaltung und Betreuung des Verfahrensablaufes liegt.
In allen Berufs- und Arbeitsfeldern besteht zunehmend Bedarf, Konflikte durch die Beteiligten selbst in einer Form zu regeln, die auf die individuelle Situation zugeschnitten ist und welche

[16] *Im Anhang befindet sich eine Vorlage für ein Konfliktgespräch oder eine Mediationssitzung.*

die Aufrechterhaltung der betrieblichen Beziehungen ermöglicht. Aus diesem Grunde wurden alternative Konfliktregulierungsmodelle zur außergerichtlichen Beilegung von Konflikten entwickelt. Unter diesen Verfahren ist Mediation (Vermittlung) ein möglicher Weg, der die psychosozialen, kulturellen und rechtlichen Aspekte der Konfliktregelung miteinander verbindet.

Die Ziele von Mediationsverfahren sind einvernehmliche und bindende Regelungen unter Beachtung der gesetzlichen Vorschriften. Sie sollen langwierige Arbeitsgerichtsprozesse verhindern und ermöglichen, dass die Konfliktparteien tragfähige Lösungen entwickeln, mit denen sie weiter zusammenarbeiten können (vgl. Besemer, 2003, S. 14).

6.4. Aufgaben für die vertiefende Einzel- und Gruppenarbeit

1. Tragen Sie die wesentlichen Elemente einer gelingenden Teamentwicklung zusammen und reflektieren Sie auf diesem Wege Ihre eigenen Erfahrungen in den jeweiligen Praktika an Hand der Teamphasen und des Team-Bewertungsbogens.

2. Vergleichen Sie das Projektmanagement in einer Arbeitsgruppe mit Ihrem Projektverständnis eines pädagogischen Projektes mit Kindern oder Jugendlichen. In beiden Bereichen benutzt man den gleichen Projektbegriff. An welchen Stellen finden Sie Gemeinsamkeiten und Unterschiede?

3. Stellen Sie einen Katalog von Grundinformationen aus dem Arbeitsrecht zusammen, die jede Bewerberin in einem Bewerbungsverfahren wissen bzw. beachten sollte.

Im Modul 4 des Lernprogramms finden Sie weitere Aufgaben, mithilfe derer Sie den Lerninhalt vertiefen können.

Anhang

Checkliste zur Vorbereitung und Durchführung von Mitarbeitergesprächen

Organisatorische Vorbereitung eines Mitarbeitergespräches		Anmerkungen
Wann findet das Gespräch statt?		
Wurde genügend Zeit eingeplant?	☐ Ja ☐ Nein	
Wo findet das Gespräch statt?	Ort:	
Wurde (falls nötig) ein Besprechungsraum gebucht?	☐ Ja ☐ Nein	
Ist der Besprechungsraum vorbereitet?	☐ Ja ☐ Nein	
Sind Störungen ausgeschlossen?	☐ Ja ☐ Nein	
Wurde der/die Mitarbeiter/in rechtzeitig informiert über Termin, Ort, Gesprächsinhalt und notwendige Vorbereitungen?	☐ Ja ☐ Nein	
Sind alle benötigten Unterlagen vorhanden?	☐ Ja ☐ Nein	
Sind alle weiteren Gesprächsteilnehmer/innen eingeladen?	☐ Ja ☐ Nein	

Ablaufmuster für ein Konfliktgespräch bzw. Mediation

Vorbereitung: Stress abbauen, konstruktive Atmosphäre schaffen, eventuelle Vorgespräche führen, Erklärung des Verfahrens und Vereinbarung der Grundregeln.

Was ist geschehen?	
A: M: Zusammenfassen	B: M: Zusammenfassen
M: Das Problem, den Konflikt habe ich so verstanden … . Stimmt das?	
A: M: Zusammenfassen	B: M: Zusammenfassen
M: Wie ging es Ihnen damit?	
A: M: Zusammenfassen	B: M: Zusammenfassen
M: Es ging Ihnen beiden nicht gut, weil … . Stimmt das? M: Welches Ziel und welches Interesse verfolgten Sie in dem Konflikt? M: Was war Ihnen wichtig?	
A: M: Zusammenfassen	B: M: Zusammenfassen
M: Kann jede/r von Ihnen wiederholen, was der andere gesagt hat?	
A: M: Zusammenfassen	B: M:Zusammenfassen
M: Was müsste sich Ihrer Meinung nach verändern?	
A: M: Zusammenfassen	B: M:Zusammenfassen
M: Kann jede/r den Wunsch des anderen wiederholen?	
A: M: Zusammenfassen	B: M: Zusammenfassen
M: Welche unterschiedliche Lösungen können Sie sich vorstellen?	
A: M: Zusammenfassen	B: M: Zusammenfassen
M: Ich höre Übereinstimmung und ich höre Unterschiede. An welchem Punkt sind Ihre Unterschiede gering?	
A: M: Zusammenfassung	B: M:Zusammenfassung
M: Was können Sie beide tun und wozu ist jeder bereit? Denken Sie daran, dass hohe Berge mit kleinen Schritten bezwungen werden.	
A: M: Zusammenfassung	B: M: Zusammenfassung

M: Kann jede/e noch einmal wiederholen, was der/die andere gemeint hat?	
A: M: Zusammenfassung	B: M: Zusammenfassung
Was könnte nun vereinbart werden? Wie lange soll die Vereinbarung gelten?	
A: M: Zusammenfassung	B: M: Zusammenfassung

Die beiden Konfliktparteien schließen miteinander möglichst einen schriftlichen Vertrag, in dem sie die einzelnen Punkte der Lösung definieren. Sie vereinbaren auch, was sie tun, wenn die Lösung nicht eingehalten wird oder werden kann.

Adressen der freien Wohlfahrtspflege in Deutschland

AWO Arbeiterwohlfahrt Bundesverband e.V.
Heinrich-Albertz-Haus
Blücherstr. 62/63
10961 Berlin
Telefon: 030 / 26309-0
Telefax: 030 / 26309-32599
E-Mail: info@awo.org
Internet: http://www.awo.org

Deutscher Caritasverband e.V.
Informationen zum örtlichen Ansprechpartner
finden Sie unter der Homepage
Internetseite: www.caritas.de
E-Mail: info@caritas.de

DRK Generalsekretariat
Carstennstr. 58
D-12205 Berlin
Telefon: 030 / 85404 - 0
Telefax: 030 / 85404 - 450
E-Mail: drk@drk.de

Bundesverband evangelischer Ausbildungsstätten
Stafflenbergstr. 76
70184 Stuttgart
Telefon: (0711) 2159-578
Fax: (0711) 2159-165
E-Mail: bea@diakonie.de
Internet: www.beaonline.de

Zentralwohlfahrtsstelle der Juden in Deutschland
Hebelstr. 6
60318 Frankfurt am Main
Telefon: 069 - 9443710
Telefax: 069 - 494817
E-Mail: zentrale@zwst.org

Literatur- und Quellenverzeichnis

Antes, Wolfgang: Projektarbeit für Profis. Planung, Marketing, Finanzierung, Teamarbeit, Münster, Votum Verlag, 2001

Arbeiterwohlfahrt Bundesverband e.V. (Hrsg.): Qualitätsentwicklung in Tageseinrichtungen für Kinder. Grundlagen, Ziele und Standards, Bonn, 2000

Besemer, Christoph: Mediation – Vermittlung in Konflikten, Baden, Werkstatt für gewaltfreie Aktion, 2003

Buestrich, Michael/ Wohlfahrt, Norbert: Die Ökonomisierung der sozialen Arbeit, in: Bundeszentrale für Politische Bildung (Hrsg.), Aus Politik und Zeitgeschichte, Heft 12-13/2008, Bonn, 2008

Bundesministerium für Bildung und Forschung (Hrsg.): Berichtssystem Weiterbildung IX. Ergebnisse der Repräsentativbefragung zur Weiterbildungssituation in Deutschland, Bonn, 2005

Cramer, Martin: Arbeitszeitmodelle und Dienstplangestaltung. Wie Kindergärten TOP werden, Weinheim/Basel/Berlin, Beltz Verlag, 2003

Cleuvers Birgit, Larrá, Franziska: Stark im Team. Personalmanagement und Mitarbeiterführung für Kitaleitungen, in: Dieter Dohmen, Kitamanagement konkret, Band 3, Wolters Kluwer Verlag, Kronach, 2005

Dohmen, Dieter: Unterm Strich. Kosten und Finanzen rund um Kindertageseinrichtungen, in: Dieter Dohmen (Hrsg.): Kitamanagement konkret, Band 4, Wolters Kluwer Verlag, Kronach, 2006

EFQM: European Foundation for Quality management: Excellence einführen 2003a, www.deutsche-efqm.de/download/Excellence_einfuehren_2003(9).pdf (Stand: 15.05.2008)

EFQM: Grundkonzepte der Excellence 2003b, www.deutsche-efqm.de/download/Grundkonzepte_der_Excellence_2003(3).pdf (Stand: 15.05.2008)

Fthenakis Wassilios, Textor Martin (Hrsg.): Das Online-Familienhandbuch des Staatsinstituts für Frühpädagogik (IFP), www.familienhandbuch.de (Stand: 15.05.2008)

Geißler, Harald/Sattelberger, Thomas: Management wertvoller Beziehungen, Wiesbaden, Gabler Verlag, 2003

Haeske, Udo: Konflikte im Arbeitsleben. Mit Mediation und Coaching zur Lösungsfindung, München, Kösel Verlag, 2003

Hottelet, Harald: Grundstock einer ganzheitlichen Corporate Identity, in: Bernd Maelicke (Hrsg.), Handbuch Sozialmanagement 2000, Baden Baden, Nomos Verlag, 1998

Hottelet, Harald: Aufbau und Ablauforganisation, in: Bernd Maelicke (Hrsg.): Handbuch Sozialmanagement 2000, Baden Baden, Nomos Verlag, 1998

Kirstein, Henning: Die Grundlagen des EFQM-Modells, www.deming.de/efqm/modellgrund-2.html (Stand: 15.05.2008)

Klebert, Karin/Schrader, Einhardt/Straub, Walter: Moderationsmethode. Gestaltung der Meinungsbildung in Gruppen, die miteinander leben und lernen, arbeiten und spielen, Hamburg, Windmühle Verlag, 1991

Lutz, Ronald: Perspektiven der Sozialen Arbeit, in: Bundeszentrale für Politische Bildung (Hrsg.), Aus Politik und Zeitgeschichte, Heft 12-13/2008, Bonn, 2008

Madelung, Eva: Kurztherapien. Neue Wege zur Lebensgestaltung, München, Kösel Verlag, 1996

Nötzold, Wolfgang: Werkbuch Qualitätsentwicklung, Bielefeld, W. Bertelsmann Verlag, 2002

von Rosenbladt, Bernhard/ Bilger, Frauke: Weiterbildungsbeteiligung in Deutschland, Eckdaten zum BSW-AES 2007, hrsg. von TNS Infratest Sozialforschung, Deutsches Institut für Erwachsenenbildung, Institut für Entwicklungsplanung und Strukturforschung sowie Helmut Kuwan Sozialwissenschaftliche Forschung und Beratung, München, http://www.bmbf.de/pub/weiterbildungsbeteiligung_in_deutschland.pdf (Stand: 15.05.2008)

Schober, Theodor/Karrenberg, Friedrich (Hrsg.): Evangelisches Soziallexikon, Stuttgart/Berlin, Kreuz Verlag, 1980

Schreyögg, Georg: Organisation. Grundlagen moderner Organisationsgestaltung. Wiesbaden, Gabler Verlag, 2003

Senge, Peter: Die fünfte Disziplin. Kunst und Praxis der lernenden Organisation, Stuttgart, Klett-Cotta Verlag, 1996

Bildquellenverzeichnis

Bildungsverlag EINS/Nadine Dilly: S. 7, 19, 27, 50, 61, 72

Stichwortverzeichnis

Index: Hinweise auf Rechtsquellen